BUZZ

© 2021, Buzz Editora
© 2021, Gisele Paula

Publisher ANDERSON CAVALCANTE
Editora TAMIRES VON ATZINGEN
Preparação LIGIA ALVES
Revisão TOMOE MOROIZUMI, CRISTIANE MARUYAMA
Projeto gráfico ESTÚDIO GRIFO
Assistentes de design FELIPE REGIS, NATHALIA NAVARRO

*Nesta edição, respeitou-se o novo Acordo Ortográfico
da Língua Portuguesa.*

Dados Internacionais de Catalogação na Publicação (CIP)
de acordo com ISBD

P324c
    Paula, Gisele
    *Cliente feliz dá lucro: Descubra as melhores práticas desenvolvidas
    pela cofundadora do Reclame*AQUI / Gisele Paula
    São Paulo: Buzz, 2021
    256 pp.

ISBN 978-65-89623-01-4

1. Vendas. 2. Clientes. 3. Fidelização. I. Título.

2021-3680   CDD 658.812 / CDU 658.814

Elaborado por Odilio Hilario Moreira Junior CRB-8/9949

Índice para catálogo sistemático:
1. Vendas 658.812
2. Vendas 658.814

Todos os direitos reservados à:
Buzz Editora Ltda.
Av. Paulista, 726 – mezanino
CEP 01310-100 – São Paulo, SP
[55 11] 4171 2317 | 4171 2318
contato@buzzeditora.com.br
www.buzzeditora.com.br

GISELE PAULA

CLIENTE FELIZ DÁ LUCRO

Descubra as melhores práticas
desenvolvidas pela cofundadora
do ReclameAQUI.

A você, leitor – e cliente – deste livro, minha gratidão. Você é a razão de esta obra existir.

Todo o meu amor aos meus pais, por me ensinarem tanto. Ao Sandô e ao Kauê, por serem minha força e incentivo constantes.

Ao Mauricio Vargas, com quem aprendi muita coisa, principalmente a ser resiliente. Tenho certeza de que você ficaria orgulhoso desta obra.

Prefácio: Luiza Helena Trajano 9

Apresentação 11

Introdução 13

1 Empresas que abraçam 21

2 A medida certa 33

3 Reputação 41

4 Engajar com atitude e coerência 53

5 Só quem é cuidado sabe como cuidar 63

6 O que a cultura da sua empresa diz sobre você? 73

7 Esforço do cliente *versus* lealdade 85

8 O que o cliente quer? 99

9 Que experiência quero gerar para meus clientes? 111

10 Como deixar sua marca no mundo? 125

11 A vulnerabilidade que conecta 135

12 O peso da liderança 145

13 Protagonistas sociais 159

14 O que abala a confiança? 165

15 Sua empresa é sustentável? 173

16 Você entrega o que promete? 183

17 O primeiro cliente da sua empresa é você 191

18 Como anda a comunicação da sua empresa? 199

19 Você pensa no sucesso do seu cliente? 205

20 Ouça seu vendedor 215

21 Encantamento: um gesto de amor que a empresa tem com o cliente 225

22 Transformando conteúdo em ação 235

Guia com questões para refletir com sua equipe e gerar transformações 241

Agradecimentos 253

PREFÁCIO

Cliente feliz é tudo.

Não existe nada maior a ser alcançado por uma organização do que deixar o cliente feliz, e todos os funcionários da empresa devem estar totalmente empenhados nesse objetivo.

O lucro, então, passa a ser consequência. Um cliente feliz com seu atendimento, serviço ou produto ficará fidelizado, e aí vem o grande desafio: continuar atendendo e superando as expectativas de quem já é seu cliente e também dos que virão graças à propaganda positiva que ele fará da sua marca. É claro que pode haver erros durante esse processo, mas precisam ser detectados e corrigidos com rapidez. Lembre-se de que o cliente até admite falhas, desde que seja tratado com atenção e informado corretamente sobre os procedimentos de reparação.

Outro ponto muito importante é a necessidade de ter uma equipe feliz e que gere lucro. Essa equação só começou a ser discutida com mais seriedade na década de 1990. Na época, muitas empresas apostavam em uma administração mecânica, buscando apenas o lucro, com funcionários sem entusiasmo, e no Magazine Luiza nos dedicamos a criar uma cultura de valorização das pessoas, cuidando da alma, do coração e do bolso. Toda empresa, por menor que seja, deve se preocupar com isso.

No mundo pós-pandemia, também será preciso se preocupar com um novo perfil de cliente, mais conectado com o propósito da marca. Esse movimento já acontecia naturalmente, mas foi acelerado, e a tendência é que os valores sejam cada vez mais postos como fator de escolha. Empresas que não têm um objetivo tendem a não engajar mais os consumidores, que cada vez mais cobram delas um posicionamento diante de questões sociais, por exemplo. Hoje, quem não promove ações contra o racismo e a favor da diversidade é malvisto pelos clientes, que, em razão da crise que estamos enfrentando, tomaram mais conhecimento sobre essas desigualdades e passaram a exigir ações das empresas.

Com todas essas questões em pauta, *Cliente feliz dá lucro* é uma leitura inspiradora, que o fará focar no principal ativo de sua empresa: o cliente.

LUIZA HELENA TRAJANO
Presidente do Conselho de Administração do
Magazine Luiza e do Grupo Mulheres do Brasil

APRESENTAÇÃO

Tem coisa mais gostosa do que saber que fizemos um bom trabalho? Que o serviço que prestamos ou o produto que vendemos atendeu às necessidades de um cliente?

Tem, sim: saber que esse cliente está feliz. Ou melhor, que se encantou com a experiência que proporcionamos a ele e que por isso, além de se tornar fiel, vai promover nossa marca aos quatro ventos. O resultado é bom para todo mundo: mais lucro para a empresa.

Que cliente feliz dá lucro eu sempre soube, mas ao longo da minha carreira fui desenvolvendo ferramentas para ajudar empresas a aplicar no dia a dia conceitos que aliassem estas duas coisas: a felicidade do cliente e o ganha-pão do empreendedor.

Essa política do "ganha-ganha", em que todo mundo pode ser beneficiado, nos trouxe a um momento inédito como sociedade. Não é incomum ver empresas engajadas em fazer o melhor para seus clientes, pensando em beneficiá-los em todos os níveis, e, ao mesmo tempo, buscando colaboradores comprometidos com o empregador, com o cliente e com o resultado gerado. Uma nova performance nasce a partir disso: criam-se protagonistas dentro das organizações, gente capaz de efetuar grandes transformações, criando algo perene e ajudando pessoas.

Hoje, além do lucro, a responsabilidade social também precisa fazer parte do DNA dos negócios mais sustentáveis que existem. E a nova consciência vem daí, dessa sustentabilidade.

O ciclo é virtuoso: a sociedade ganha, o colaborador ganha, o empresário ganha, o cliente ganha. Todos cooperam uns com os outros, e, a partir disso, vemos surgirem novas formas de interação.

Acredite: cliente feliz dá lucro. E quero convidar você a fazer parte desse movimento que gera prosperidade, abraça pessoas e cria sucesso, experiências únicas e momentos marcantes. Com muito dinheiro no caixa – e bastante boa intenção. A partir dessa nova abordagem, vamos juntos criar uma política encantadora dentro do seu ambiente de trabalho. Quem sabe não conseguimos mudar o mundo começando com essas pequenas ações?

INTRODUÇÃO

Ouvir com o coração. Enxergar com todos os sentidos. Saber se colocar no lugar do outro. Deixar a mente trazer soluções com base na observação exata do problema que precisa ser resolvido.

Profissionalmente, é isso o que faço há mais de vinte anos. Pessoalmente, foi a primeira coisa que aprendi na vida. E é claro que eu não poderia começar este livro sem contar as minhas origens. Por que faço o que faço? Qual foi a minha trajetória até o palco onde ensino a pequenas, médias e grandes empresas de todo o país que cliente feliz dá lucro?

Quando eu era pequena e recebíamos visitas em casa, via minha mãe estender sempre a melhor toalha de mesa, fazer aquela panelada de comida para que os amigos se fartassem de comer, e depois ainda aparecer com um pote de plástico contendo uma marmitinha preparada para o dia seguinte ou então um pedaço generoso de bolo de cenoura.

Às vezes eu me perguntava o porquê daquilo tudo, mas, conforme fui crescendo, percebi uma característica na dona Cida que me fazia sentir orgulho de ser sua filha: qualquer um que estivesse ao lado dela se sentia extremamente cuidado. Com seu sorriso cativante, minha mãe sabia ouvir como ninguém, e todo mundo que a conhecia dizia o mesmo: ela fazia as pessoas se sentirem especiais.

Se em algum momento da sua vida você já se sentiu assim, especial, sabe bem do que estou falando. Quando recebemos carinho, cuidado, atenção ou contamos com um ouvido paciente para escutar nossa reclamação, parece até que o mundo deixa de ser tão hostil. E isso dá esperança, traz aquele quentinho no peito, um aconchego que quase se assemelha a um colo de mãe. Em tempos de muita carência, atenção vale ouro.

Posso dizer que tive uma boa infância. Cresci numa família simples, que era feliz com pouco. Sou a mais nova de três irmãos que aproveitavam cada segundo do dia com os amigos na rua, brincando de pega-pega e esconde-esconde. Meu pai, encarregado das despesas da casa, trabalhou fora a vida toda, enquanto minha mãe dedicava boa parte do seu tempo a cuidar de pessoas – fosse da minha avó, que morava com a gente, fosse trabalhando em casas de família. Ela também chegou a atuar como vendedora de catálogo, e foi um sucesso na equipe.

Como meus pais passavam o dia fora, meus irmãos ficavam incumbidos de mim. Ismar, o mais velho de nós três, sempre foi o mais responsável e nos trazia para o eixo quando aprontávamos demais. Já meu irmão Isnar... ele era o arteiro da família (embora nunca tenha aceitado esse título).

Não éramos uma família abastada, mas éramos felizes. Levávamos uma vida simples, comemorando até as menores coisas, até que, numa tarde que parecia igual a qualquer outra, fomos surpreendidos por uma ligação que mudaria o rumo de tudo: meu pai e meu irmão Isnar tinham sofrido um acidente. Esse acontecimento os fez passar longos meses hospitalizados – e nos primeiros dias eles ficaram entre a vida e a morte.

Se eu achava que sabia o que era cuidar de alguém, naquele momento percebi que essa aptidão ia muito além de receber bem os amigos em casa e encher um pote de doce. E foi a minha mãe, mais uma vez, que esteve ali para me ensinar sobre cuidado: olhar para o bem-estar do outro, muitas vezes abdicando do próprio. Depois que o período nebuloso passou, saí dessa experiência sabendo mais sobre a vida do que poderia supor – principalmente sobre escassez, porque a gente só entende o quanto um pai de três filhos dá duro no momento em que ele fica impossibilitado de trabalhar ao mesmo tempo que os boletos não param de chegar.

Foi assim que, aos catorze anos, decidi que precisava de um emprego. Embora minha mãe não concordasse com aquilo, eu me ofereci para limpar a casa de uma vizinha que precisava de uma faxineira. O problema era que entre o cuidado com o outro e a limpeza pesada existe um abismo: eu não dava conta de tanto serviço. Deixei a faxina de lado depois do segundo dia de expediente e comecei a bater em outras portas, até que surgiu a chance de participar de um processo seletivo numa fundação que oferecia vagas de emprego para adolescentes.

No dia da entrevista, deparei com centenas de jovens concorrentes, mas, depois das quatro fases do processo seletivo, fui selecionada. Começava ali minha trajetória na Fundação Educar DPaschoal, o braço educacional da gigante do ramo automotivo. O propósito da instituição era preparar jovens para o mundo, ensinando aquilo que não se aprende na escola. Eu ainda não sabia, mas aquela experiência não só mudaria meu modo de enxergar o mundo como me transformaria numa profissional que seria protagonista onde quer que estivesse.

As matérias lecionadas na fundação eram filosofia, matemática e português, sempre com um viés de aplicação prática, para o dia a dia. Nas aulas de português, por exemplo, estudávamos oratória, leitura e escrita. Além disso, fazíamos um monte de outras atividades fora do ambiente estudantil, como visitas a asilos e instituições de caridade, e depois de cada vivência tínhamos de entregar um relatório descritivo da experiência. Nossa coordenadora, a Rosa, dizia que éramos jovens especiais, com a responsabilidade de levar aquele conhecimento para o mundo.

Era difícil imaginar que o Luís Norberto, o fundador daquilo tudo, tinha conseguido pensar sistematicamente em cada passo daquela experiência, com o objetivo de provocar em nós uma vivência única. Com esse projeto, ao lado de educadores memoráveis como o escritor Rubem Alves e o jornalista Gilberto Dimenstein, ele retribuía para a sociedade o que tinha recebido ao longo da vida.

Seu propósito era que nos tornássemos cidadãos aptos a mudar o mundo. O objetivo ali nunca era simplesmente aprender o conteúdo programático: o Luís queria que soubéssemos de fato o que fazer com aquele aprendizado, aplicando-o no dia a dia. Por esse motivo, logo no primeiro ano podíamos ser selecionados para trabalhar na biblioteca ou na recepção da instituição. Era uma oportunidade que me interessava bastante, porque eu, no auge dos meus quinze anos, queria levar dinheiro para casa e ajudar minha família.

Disciplinada desde pequena, eu me dedicava intensamente ao projeto, e valeu a pena: já no final do meu primeiro ano fui contratada como estagiária na biblioteca. Após as aulas, eu catalogava e organizava as obras e fazia a clipagem das notícias. Quando sobrava tempo, eu devorava os livros, que sempre foram uma boa companhia para mim. Hoje, ao escrever estas páginas, é impossível não me recordar com alegria da admiração que sentia pelos grandes autores ali eternizados.

Dali da biblioteca, onde passava muitas horas do dia, fui chamada para a unidade de consórcios da DPaschoal, depois de um novo processo seletivo. Nunca vou me esquecer da sensação de, aos quinze anos, receber meu primeiro salário – 190 reais! – e ir correndo para casa para levar minha mãe ao mercado. Naquele dia, compramos tudo o que quisemos – ou o que foi possível pagar com a quantia.

Foi na DPaschoal que vi de perto como o atendimento ao consumidor funcionava. E não foi nem como consumidora nem como atendente: a orientação que recebi foi a de tratar bem o pessoal do atendimento – e de fato eu percebia que eles eram considerados os experts ali dentro. A empresa tinha uma política de promover os melhores profissionais – os que já haviam passado por todos os outros departamentos – para a área de atendimento ao cliente. Isso significa que os funcionários mais bem remunerados estavam na linha de frente ao atendimento ao cliente. Todo mundo queria ser promovido para ir para o SAC. Acredite: eu vivi isso!

O diretor-geral da DPaschoal tinha uma mesa no meio do escritório, e demorei bastante para me dar conta do quanto aquilo era moderno e inovador. Às vezes ele ficava horas usando fone de ouvido, escutando as ligações da central de atendimento para orientar a equipe quando algo não ia bem. Você conhece alguma empresa assim, em que o CEO se envolve diretamente no atendimento ao cliente?

Decidi aprender tudo o que podia ali – chegava mais cedo para entender o que minhas colegas faziam e nutria uma curiosidade enorme pelo funcionamento das outras áreas. Mas um dia a companhia foi vendida: a gestão mudou, os atendentes bem remunerados foram substituídos por outros e eu assumi uma nova posição, dessa vez como assistente comercial. Sempre tive um bom relacionamento com os vendedores, então logo fui escalada para cuidar do mais novo canal da empresa, o Fale com o Presidente. E ali comecei a aprender o que significava transformar clientes detratores em promotores.

Abracei aquilo com tanto carinho que em pouco tempo aquela iniciativa se tornou a menina dos olhos da instituição. Como eu pegava cada problema e resolvia pra valer, começamos a receber elogios de clientes e parceiros pela eficiência. E a reclamação me promoveu! Através dos meus atendimentos, fui sendo reconhecida na empresa. Foi assim que a equipe cresceu e passei a comandar a Ouvidoria – que se destacava tanto em comparação com o setor de atendimento que os clientes pediam para falar direto conosco.

Na minha cabeça, não fazia sentido manter essas duas áreas. Afinal, a galera do atendimento era de outro perfil e não tinha autonomia para resolver as demandas, então o cliente acabava indo parar na ouvidoria, que era o segundo nível do atendimento. A empresa, então, arcava com custos dobrados para atender o mesmo cliente.

Certo dia, durante uma pesquisa de clima organizacional, resolvi escrever sobre essa minha opinião e sugeri ao presidente que transferisse para nós a central de atendimento, para que a gente pudesse cuidar de todo o atendimento da empresa.

A verdade é que, depois dessa carta, o serviço de atendimento ao consumidor passou para debaixo do guarda-chuva da minha chefe, que já cuidava de diversas atividades de relacionamento com o cliente. Ela saiu de licença-maternidade e me colocou no comando da operação. Parecia simples, mas eu subestimei a complexidade de um SAC. Tivemos que aprender na raça como realizar a gestão do call center, acompanhar indicadores, controlar filas de atendimento e dimensionamento de equipe.

Eu tinha vinte e poucos anos, muito jovem ainda e na liderança de uma área de atendimento. Montamos o SAC, porém as dificuldades vieram depois, na gestão de equipe e de performance da central. Detectar os pontos fracos da operação passou a ser uma ciência – meu primeiro grande desafio da vida de gente grande. Mas eu agarrei com unhas e dentes aquela oportunidade de aprender novas competências e alcançar novas oportunidades da empresa.

Eu era do administrativo, contudo não demorei para entender que a área de vendas, que mantinha certo distanciamento da área de atendimento, precisava cruzar informações com a nossa. Foi quando comecei a me aproximar da área de vendas por acreditar que não adiantava agir de uma maneira para vender e de outra para reter o cliente. Era preciso conhecer muito bem o perfil do nosso consumidor. Logo me deram a oportunidade de iniciar um novo departamento da empresa, o Marketing. E minha primeira tarefa foi trabalhar a retenção de clientes e o branding da marca.

Nessa época, em 2011, eu tinha ouvido falar de um site chamado ReclameAQUI, onde as pessoas avaliavam empresas e reclamavam de serviços, e quis entender melhor do que se tratava. Entrei em contato com Mauricio Vargas, o fundador do site, e em pouco tempo nossas conversas informais evoluíram para reuniões nas quais eu contribuía com ideias para aprimorar aquele serviço. Com a aproximação, contratamos o Mauricio para fazer um trabalho de implantação de transformação digital, quando ainda atuava pela sua antiga empresa. Trabalhando juntos no projeto, não demorou muito para que ele me chamasse para ser sua sócia. Eu entendia de atendimento e ele, de tecnologia. Era o casamento perfeito para fazermos do ReclameAQUI uma empresa, já que o site ainda era uma iniciativa paralela do Mauricio. Começamos a estruturar como seria a minha ida e participação. Para equilibrar as contas e como o ReclameAQUI ainda não gerava receitas, a alternativa era fazer uma jornada dupla. Trabalhava na Embracon durante o dia e a noite me dedicava ao novo projeto. Eu percebia o grande potencial que existia naquela start-up que estava iniciando e eu sentia que o esforço ia valer a pena. A chance de poder ajudar milhares de consumidores e empresas brilhava meus olhos.

Para encurtar a história, quando eu já tinha decidido pedir as contas da Embracon para assumir o ReclameAQUI, os presidentes da empresa me chamaram numa reunião do conselho e disseram: "Gisele, não queremos que você vá embora. É por dinheiro que você está saindo?".

A verdade era que eu saía por um sonho: criar uma relação de transparência entre empresa e cliente, transformando a relação de consumo drasticamente, por meio da reclamação, conscientizar as empresas da importância de cuidar do cliente e da sua reputação.

No meu novo empreendimento, passei a exercitar aquilo que considerava minha principal aptidão: a capacidade de ouvir e de traduzir reclamações em soluções. Meu trabalho era dar leveza ao que parecia ser uma coisa destrutiva e pesada, que verdadeiramente minava a vida das empresas. Era mais do que colocar o cliente num lugar em que ele se sentisse valorizado: era conciliar os desejos dele com os da instituição de forma que a companhia percebesse o potencial para transformar uma reclamação em seu maior ativo. Isso porque, insisto, cliente feliz dá lucro. O cliente se engrandece quando percebe que a empresa se importa com ele, que é humana, que considera seus interesses e suas vontades e não ignora suas queixas. E é capaz de disseminar por aí um mero pedido de desculpas.

Dali em diante, multipliquei o cuidado que sempre tive ao ouvir as pessoas. Eu sabia que estava seguindo o curso natural para a minha missão. E a Gisele que aos onze anos tinha dificuldade de enxergar quando o dia estava muito claro, em razão de um problema na visão, começou a enxergar mais longe – muito além do que achava que podia ver. À minha frente se abria um horizonte azul que ainda não tinha sido explorado: a oportunidade de trazer mais resultado para empresas por meio da escuta ativa, do olhar generoso e da alegria em servir.

Era o início do meu projeto mais audacioso. E eu estava pronta. Sabia ouvir e sabia cuidar. E eu tinha a estranha mania de querer ver todo mundo feliz.

EMPRESAS QUE ABRAÇAM

Abraçar é acima de tudo se conectar com o coração.

Dizem que o melhor lugar do mundo é dentro de um abraço. Quando um bebê nasce, a primeira coisa que recebe é um abraço quentinho. Se a criança fica doente ou começa a chorar com uma dorzinha, a mãe logo a abraça. Por natureza, o ser humano pode se conectar com qualquer pessoa por meio do abraço. E a Rosa sabia muito bem o poder do abraço.

A Rosa era a coordenadora da Fundação Educar DPaschoal, instituição que, conforme já contei, foi um verdadeiro divisor de águas na minha vida. A experiência de cruzar com ela no corredor era única: com seu sorriso largo, Rosa estendia os braços para *aquele* abraço. Não um do tipo corriqueiro, com hora para acabar; era sempre um abraço verdadeiro e longo, sabe?

Ela entendia de abraçar. O calor que emanava daquele gesto era sentido no coração e tornava nosso dia melhor. Quando um aluno estava ansioso para um teste ou chateado com alguma coisa, saía correndo para os braços da Rosa.

Sempre recebi muito carinho em casa, da família inteira, mas essa não era a realidade de todos os meus amigos. Nas demonstrações de afeto da Rosa, por alguns instantes era possível encontrar um porto seguro contra qualquer dor ou medo e um ombro amigo para dividir o peso das dificuldades.

Às vezes ela nos surpreendia no corredor e reclamava de alguma nota – afinal, era a chefe da fundação. Tínhamos muito respeito por ela, que era firme e dura quando precisava, mas encerrava qualquer conversa com um abraço e um sorriso largo.

O carinho da Rosa nunca saiu das minhas lembranças, e chego a sentir seu perfume floral, sua roupa sempre macia, a textura gordinha das mãos que acalmavam nossa ansiedade sobre o futuro. Hoje, numa era em que a tecnologia nos separa, quando a vida não permite que sejamos humanos, quando empresas buscam profissionalismo engessando processos – como se fosse possível separar o lado humano do profissional –, estamos todos carentes. Não apenas de abraços físicos, mas de palavras e gestos que confortem.

Costumo dizer que as empresas que implementam uma cultura de abraçar pessoas naturalmente se tornam mais humanas e passam a se enxergar como agentes de mudança, não importa o tamanho que tenham. Com isso, criam processos de humanização não só internos, mas na relação com os clientes e os parceiros.

Quando falo sobre abraçar clientes, não é no sentido literal da palavra. Abraçar é se conectar com o coração, é demonstrar que se importa, é afirmar o que sente – afinal, um abraço pode dizer mais que mil palavras, não é? Um cliente se sente abraçado quando é ouvido, respeitado, atendido com gentileza. Quando alguém demonstra que se importa com ele ou simplesmente que compreende seu problema. Que alívio que dá quando alguém entende a gente, não é? Gera sintonia na hora!

O cliente abraçado percebe que não é só um número para a empresa, que não é invisível. Alguém se preocupa com ele. E algumas empresas são tão boas nisso que os clientes já se sentem abraçados só de ouvir o nome delas!

Quer fazer um teste? O que você me diz sobre a Netflix? Quando a gente ouve falar nela, já se sente acolhido. Tive muitas interações e reuniões com o time de atendimento da Netflix e posso afirmar que você se sente acolhido já na recepção da empresa, equipada com telas enormes mostrando séries e filmes – com direito a pipoca à vontade para os visitantes.

Mas o trabalho para gerar essa sensação de acolhimento vai muito além. Uma vez perguntei para a *head* de *Customer Experience* (ou cx) da Netflix qual era a visão da empresa sobre os atendimentos feitos por robôs. Ela respondeu: "Nós usamos robôs e inteligência artificial para entender profundamente as necessidades do nosso cliente e atender aos anseios dele antes mesmo que ele precise nos contatar. Mas, se ele quiser falar com a gente, nós queremos muito falar com ele e saber o que ele pensa sobre nossa empresa, por isso não colocamos robôs em nosso atendimento".

Abraçar é mais do que simplesmente ouvir. É preciso ter sensibilidade para captar os anseios do cliente – se possível, antes que ele os manifeste. Afinal, o melhor atendimento é aquele que não precisa acontecer.

Outro dia ouvi de uma amiga um exemplo simples que ilustra bem o que estamos falando aqui. Uma mulher ia receber a visita de uma amiga de outro país, que não via fazia alguns anos, e queria levá-la para jantar num restaurante bem badalado, que fica no último andar de um hotel, com vista para a cidade toda. A questão é que essa mulher era mãe de duas meninas pequenas e não tinha com quem deixá-las. Mesmo sabendo que muitos desses lugares torcem o nariz para crianças, ela foi ao tal restaurante com as filhas e a amiga. Comeram pizza e conversaram, mas conforme foi anoitecendo as meninas ficaram com sono e se aconchegaram no sofá e no pufe. Uma delas esticou as pernas e se deitou. Logo que as duas dormiram, a mãe viu o garçom se aproximar e ficou apreensiva. *E se ele disser que elas não podem deitar no sofá?*, pensou. Para a sua surpresa, o homem tinha trazido duas cobertas do hotel. Silenciosamente, cobriu as crianças e perguntou se a mulher precisava de mais alguma coisa.

Fascinada com aquele gesto e emocionada, no dia seguinte ela escreveu um texto em seu blog de maternidade e uma carta de agradecimento ao hotel. O texto, que virou uma carta, dizia assim:

Todo mundo sabe que, quando nos tornamos pais, não é tão comum sairmos à noite. Na maioria das vezes, trocamos qualquer programa por uma boa noite de sono. E comigo não é diferente. Recebi uma convidada de outro país e resolvemos fazer algo diferente: colocamos nossas roupas de sair e às seis da tarde lá estávamos eu, ela e as crianças, num restaurante no topo de um hotel bacanudo cuja vista é de tirar o fôlego.

Comemos e, pouco depois das sete, as duas já estavam com sono. Minha filha mais nova se ajeitou no banco e fechou os olhos.

A outra deitou a cabeça no meu colo. E eu comecei a sentir olhares que ainda não tinha percebido das pessoas ali presentes. A gente não consegue ler pensamento, mas quem é mãe conhece bem um olhar julgador. E, mesmo que eu tentasse ignorá-los, eles começaram a me incomodar. Aqueles olhares que dizem: "Por que ela não vai pra casa colocar essas crianças pra dormir?".

Até que o manager do hotel se aproximou. Gentilmente, ele trazia dois cobertores fofinhos, e me ajudou a cobri-las, enquanto dizia: "Eu também sou pai. Sei que é difícil sair quando temos filhos". Nem que ele me desse um desconto de 50% na conta eu ficaria tão grata quanto fiquei naquele momento. Não foi só o gesto. Foi o acolhimento, foi a empatia, foram as palavras certas no momento certo. Continuamos ali por mais uma hora e nem reparei mais nos olhares de julgamento. Julgamento nós já temos demais. Quero focar é nessas raras e pequenas gentilezas que fazem toda a diferença quando estamos nos sentindo vulneráveis. Só queria dizer obrigada, Bernardo.

O chef executivo do hotel escreveu um agradecimento especial e disse que usaria aquele e-mail nos treinamentos de seu time. Mais do que um case sobre como tratar um cliente, o episódio foi uma lição sobre abraçar por meio de um gesto que não custa nada, mas que representa no mínimo a gratidão de um cliente – no caso, uma jornalista que agradeceu publicamente em seu blog com uma postagem que viralizou, levando outras mães e outros pais a acreditar que aquele estabelecimento oferecia um atendimento impecável e humano para os clientes e suas famílias. Nem a propaganda mais bem-feita propagaria esse diferencial com tanta eficiência.

Observe agora um ponto que considero muito importante nessa história: a postura do chef quando disse que usaria o elogio da cliente na reunião de treinamento da equipe. Empresas que abraçam seus clientes e seus colaboradores criam um ciclo virtuoso de gentileza e gratidão. Quando o líder reconhece boas atitudes, passa o recado de que é aquilo que a companhia deseja que todos façam. Quando mais pessoas começam a repetir uma atitude, ela naturalmente passa a fazer parte da cultura empresarial. Esse é o ponto de partida para ter uma equipe que abraça o cliente. Lá na fundação, o abraço da Rosa foi incorporado à cultura: professores e alunos também criaram esse hábito, e era muito comum ver gente se abraçando nos corredores e na sala de aula!

Não importa se seu estabelecimento comercial é uma padaria, um salão de beleza, um e-commerce ou uma plataforma de streaming de vídeos. Quando a sua empresa, seja do tamanho que for, tem a cultura de olhar para cada indivíduo como se fosse único, ela atende a um anseio ancestral do ser humano por atenção e cuidado.

Cada vez mais temos a impressão de estarmos distantes uns dos outros. Logo no início da minha jornada atendendo clientes percebi que, em muitas ocasiões, o que soa como reclamação é apenas um grito de socorro ou um pedido desesperado por atenção.

Empresas que acolhem o cliente sabem ouvir – o que é diferente de escutar e rebater ou de tentar se defender do que está sendo dito. Quando ouvimos o cliente plenamente, ele se sente abraçado, e esse é o grande diferencial no atendimento ao consumidor. Às vezes as empresas confundem as coisas e acham que atender bem é fazer tudo o que o cliente está pedindo, mas isso nem sempre é possível. Você não pode descaracterizar seu negócio, por exemplo, mas isso não o impede de ouvir aquele indivíduo de forma gentil e educada.

O acolhimento não está atrelado à solução. A Netflix não antecipa a data do próximo capítulo da temporada porque o cliente está reclamando, mas ela o ouve com atenção e diz "não" de forma carinhosa, gerando conexão. Quando o cliente se conecta, é muito possível que ele compreenda o lado da empresa também.

No fundo, todo mundo sabe que é preciso fazer o básico bem-feito. É necessário cuidar do cliente e atendê-lo bem, porque ele é a razão de a empresa existir. Mas o óbvio é difícil de ser executado, porque não depende de um processo apenas, mas da vontade e da atitude das pessoas, a começar pelo CEO e pelas suas lideranças.

Os processos podem até ajudar na criação dessa cultura corporativa, mas tudo começa mesmo é na origem: a seleção, a contratação e o treinamento das pessoas. Um grande erro que vejo as empresas cometerem é colocar na liderança de times de atendimento colaboradores extremamente analíticos, focados apenas em números e em performance baseada em pesquisas de satisfação, que se esquecem do principal: o relacionamento com o cliente é, em primeiro lugar, humano. Não me entenda mal: não há nada de errado em olhar números – aliás, há indicadores fundamentais que precisam ser acompanhados –, mas o desafio está no equilíbrio.

O caminho mais próximo do acolhimento ao cliente é a humanização, e isso está intimamente ligado à cultura da empresa – passa pela postura do CEO perante a sua equipe, pelos princípios do RH para a contratação e, não menos importante, pela missão e pelos valores da empresa. Tudo faz parte de um círculo que vai se desdobrando até chegar ao cliente.

Só que nem todo mundo é CEO de uma grande empresa: existem pequenos comércios que mal dão conta das vendas e precisam atender os clientes um a um. Como esse sujeito vai aprender a lidar, na prática, com as reclamações? Sei também que, para um empreendedor que trabalha dia e noite para prosperar, é muito difícil receber reclamações sobre seu negócio. É como um soco no estômago. A reação natural do ser humano é se defender, combater o perigo ou o que o incomoda, e isso pode levar o empreendedor a cair na perigosa armadilha de começar a achar que todo cliente é chato, só quer tirar vantagem ou atrapalhar.

Se você é empreendedor e se identificou com o que acabei de dizer, preciso adverti-lo antes que continue a leitura: mude sua mentalidade e comece a enxergar o cliente como o bem mais precioso da sua empresa, encarando a reclamação dele como um diamante a ser lapidado. São as reclamações e os feedbacks dos clientes que vão ajudar seu negócio a evoluir e dar o próximo salto que você almeja!

Entenda de uma vez por todas: por mais que o cliente nem sempre tenha razão, ele tem suas razões. Ninguém quer perder tempo à toa. Ninguém acorda pela manhã decidido a gastar o dia inteiro tentando falar com uma empresa para resolver um problema. Então, se você quer ter clientes leais, encantados e felizes com a sua marca, comece a inverter a lógica da reclamação, deixando de vê-la por um viés negativo e encarando-a como algo que levará seu negócio ao próximo nível.

Dá para abraçar o cliente até quando ele está reclamando, sabia? Basta ouvir sem pedras na mão, sem armaduras de proteção.

Conheço o caso de uma mulher que ligava todos os dias para o Serviço de Atendimento ao Consumidor de uma empresa e ficava conversando com a atendente durante uma hora. Todos do setor sabiam quem era a cliente. Até um dia que a gerente de atendimento decidiu fazer uma visita presencial à consumidora para entregar uma caixa de produtos e tentar entender o porquê de tantas ligações.

Quando chegou lá, viu que a mulher, que era cadeirante, estava doente e vivia sozinha. Ela, então, recorria ao SAC diariamente para desabafar e se sentir melhor, quase como uma terapia. Imagine virar as costas para uma cliente dessas? Não dá. Depois disso, a empresa passou a prestar um atendimento ainda mais humanizado a ela.

Não estou dizendo que você precisa mudar algo no seu negócio para satisfazer um único cliente. Isso pode ser um perigo, por acabar desagradando muitos outros consumidores ou desalinhando seu negócio, levando-o para uma direção diferente. Nem todos os clientes demandam um cuidado especial – alguns só querem uma informação e outros precisam de um pouco mais de atenção, mas são raros aqueles que você precisa "pegar no colo".

Na era digital, as pessoas estão conectadas o tempo todo, só que cada vez mais distantes. A tecnologia, ao mesmo tempo que aproxima, pode aprofundar as distâncias. Hoje, com a maioria das relações baseadas em aplicativos, nem sempre temos contato direto com o cliente, então é preciso garantir que ele se sinta abraçado mesmo de longe. Já viu aqueles casos de restaurantes que viralizam só porque mandaram um recadinho escrito à mão junto com o pedido? Coisas assim tocam diretamente o coração do consumidor, fazendo-o se lembrar de que quem atende do outro lado também é um ser humano.

Ao mesmo tempo, essa conectividade não impede que o cliente fale com ou sobre você. Com a informação a um clique de distância, erra quem ainda tenta impor barreiras a essa relação. Quer um exemplo?

Meu filho faz academia perto de casa. Durante o período de isolamento social causado pela crise sanitária do coronavírus, não recebi nenhuma comunicação da academia sobre seu funcionamento. Por incrível que pareça, o estabelecimento fechou as portas sem comunicar aos clientes, mas o valor integral das mensalidades continuou a ser debitado fielmente no meu cartão de crédito. Tentei falar com a academia diversas vezes, mas não consegui. Esse distanciamento e a dificuldade de resolver o problema me fizeram repensar sobre a continuidade do plano, então pedi que meu filho começasse a olhar outras opções, já que aquela, no momento em que mais precisávamos dela, nem sequer atendeu o nosso telefonema.

Mas como fazer para abraçar verdadeiramente o cliente? O primeiro passo é querer de fato mudar. Depois, ser acessível e estar disposto a ouvir. Já percebeu como é terrível falar sem ser escutado? Ou querer dizer algo e não ter ninguém para ouvir? Como não é possível atender a todos os pedidos, é muito importante que, ao receber um feedback de um cliente, você se pergunte se a sugestão funciona para outros clientes e se está alinhada ao propósito e aos valores do seu negócio.

Não tenha receio de perguntar, por meio de uma pesquisa de satisfação, a opinião do consumidor sobre seu produto ou o serviço que você prestou. Mas tenha em mente que a pesquisa é um instrumento para seu negócio evoluir e crescer, não uma ferramenta para massagear seu ego. #essaéarealidade.

Por exemplo, existem casos de restaurantes que buscam ativamente saber como os clientes foram atendidos assim que eles recebem a conta. Caso algum problema seja apontado, enviam uma carta para o consumidor, agradecendo a visita, e depois colocam o assunto em pauta com a equipe.

Nos treinamentos que dou para equipes que vão tratar de reclamações, sempre reforço uma coisa: o cliente deseja que você resolva o problema. Antes disso, porém, combine com ele como vai ser a condução dos próximos passos e pergunte que solução ele gostaria de ter. O combinado nunca sai caro, não é mesmo? Esse é um lema que vale para a vida!

Certa vez uma empresa me ligou com a seguinte queixa: "Gisele, já fizemos de tudo por esse cliente, mas ele continua sem aceitar a solução que propusemos". A situação era que a pessoa tinha comprado um eletrodoméstico no e-commerce e a carga tinha sido extraviada. A empresa, então, pediu desculpas e enviou um presente para a casa do cliente (que chegou antes do eletrodoméstico): um kit de pen drive e carregadores de última geração. Oi? De que adianta dar um agrado se o problema não foi resolvido?

É claro que existem consumidores que passam dos limites, exageram na reclamação e às vezes até perdem o respeito. Numa live que fiz com a Luiza Helena Trajano, presidente do Conselho de Administração do Magazine Luiza, ela me contou que escuta tudo o que o cliente fala, acolhe e resolve, mas, se ele passa do ponto do respeito, usa palavras ofensivas, o diálogo muda. Em casos que ultrapassam os limites do bom senso e dos valores em que você acredita, às vezes você precisa, gentilmente e de forma muito respeitosa, convidar a pessoa a não ser mais seu cliente.

Para evitar situações como essa, saiba reconhecer qual é o mínimo que pode entregar do seu produto. Qual é o mínimo que uma loja de bolos caseiros pode entregar? O bolo precisa ser perfeito, o melhor bolo caseiro que existe. Não pode ser duro nem fofo demais. Se você não fizer bem o básico, como poderá ir além e encantar seu cliente?

Estamos voltando às origens, ao olho no olho, a enxergar e cuidar do ser humano. Houve uma corrida desenfreada para colocar robôs no atendimento, mas a inteligência artificial ainda não é capaz de oferecer um tratamento humanizado. Precisamos, então, inverter essa lógica e usar a tecnologia que temos para estar cada vez mais perto do cliente.

Um dia desses, no aeroporto de Campinas – que é a minha cidade natal –, eu estava toda orgulhosa contemplando as novas instalações quando fui pega de surpresa por um senhor que veio me oferecer ajuda: "A senhora precisa de alguma coisa?".

Agradeci e disse que estava tudo bem, mas ele continuou por ali conversando comigo. Aproveitei para perguntar quais eram os melhores serviços de café do aeroporto. Depois de prontamente listar e detalhar todos eles, o homem me acompanhou até o elevador, segurou a porta, apertou o botão do andar e agradeceu a visita. Despediu-se dizendo: "Seja sempre bem-vinda ao Aeroporto de Viracopos".

Já viajei bastante, mas nunca tinha tido um atendimento tão proativo e humanizado num aeroporto. No geral, é dificílimo conseguir falar com alguém, e lá estava aquele chefe de segurança se colocando à disposição das pessoas. Foi um gesto pequeno, mas que me deixou encantada – como o abraço da minha querida Rosa.

Depois, sentada no café do aeroporto e observando as pessoas, refleti sobre quanta coisa boa o ser humano tem a oferecer quando se coloca a serviço do outro sem pedir nada em troca. Quem age assim eterniza um momento. Faz história. Fica na lembrança.

Carinho não tem custo, pode ser oferecido de graça. E faz uma diferença danada na vida de quem recebe.

2

A MEDIDA CERTA

A melhor propaganda é feita por clientes satisfeitos
PHILIP KOTLER

Stalker é uma palavra do inglês que significa "perseguidor", alguém que importuna outra pessoa de forma insistente e obsessiva. Por exemplo, um relacionamento não dá certo e um dos dois termina, mas o outro continua apaixonado e fica ali mapeando cada passo do ex. Até que um dia curte uma foto, manda uma mensagem, liga de madrugada...

Não sei se você já passou por isso, mas a sensação de ser stalkeado é sufocante. E, acredite, passa longe daquele delicioso abraço de acolhida sobre o qual acabamos de falar. É mais parecido com uma vontade de se desvencilhar logo e sair correndo para bem longe!

Mas aposto que isto já deve ter acontecido com você: rolar a *timeline* de uma rede social qualquer e ver o mesmo anúncio repetidas vezes; estar no meio do trânsito, pensando em mil coisas, e receber a ligação de uma empresa sobre uma promoção de um plano de celular; ou então, durante uma reunião em que você tinha deixado o telefone no silencioso, ver uma mensagem piscando na tela com seu nome, oferecendo uma coisa qualquer, sem que você tenha a mais vaga ideia de quem é o remetente.

A questão aqui é: o relacionamento entre a empresa e o cliente começa a partir do momento em que uma propaganda aparece na *timeline* dele. Se por um lado o algoritmo cumpre o objetivo de levar o recado para mais pessoas, muitas vezes quem está do outro lado da tela se sente desconfortável ou até invadido com a intervenção não solicitada. E se neste momento você está se perguntando "mas, Gisele, qual a é medida certa, se minha empresa precisa vender?", talvez seja hora de olhar para este problema com carinho.

Quando o assunto é atrair clientes, a melhor venda é aquela que acontece sem que você tenha que vender. Esqueça por um momento os conceitos de funil de vendas, captação ou fechamento – estou falando do processo de conquista, da conexão verdadeira. Depois que isso acontece, todo o restante fica mais fácil, afinal de contas, antes comprar de qualquer produto, o cliente estará comprando você.

Vamos combinar: todo mundo sabe quando está passando do ponto e forçando a barra. Só que o vendedor muitas vezes está desesperado em busca da venda, e o desespero pode colocar tudo a perder: a conexão, a venda e até a imagem da empresa.

Relacionamento com clientes é muito mais do que só atender o telefone ou fechar um pedido. É como um namoro: começa com um flerte, com olhares, troca de mensagens, o primeiro encontro... Mas é muito desagradável ter alguém pegando no seu pé, mandando mensagem toda hora querendo saber onde você está e o que está fazendo. Esse tipo de relação distancia ao invés de aproximar, e às vezes até provoca repulsa.

Para garantir que não haja "sufocamento", é fundamental enxergar o relacionamento com o cliente de forma ampla, pensando em todos os pontos de contato dele com a empresa, do anúncio até a recompra.

Já vi empresas do segmento B2B (do inglês *business to business*, ou seja, que vendem de empresa para empresa) sem um plano organizado de comunicação e relacionamento com o cliente, e o resultado é o vendedor se esforçando para fazer novas vendas e pedindo indicações, de um lado, e, de outro, o marketing enviando campanhas de *inbound* o tempo todo. Para quem não está familiarizado com o termo, *inbound* é o marketing de atração por meio de publicidade on-line – a uma empresa se promove por meio de blogs, podcasts, vídeos, e-books e outros formatos de marketing de conteúdo.

Em outra ponta da esteira está o time de sucesso do cliente ligando para saber como está esse cliente e se ele está satisfeito com a empresa, por sua vez o financeiro cobrando pagamentos e o time de relacionamento convidando para um evento por exemplo, TUDO ao mesmo tempo e sem registro em nenhum sistema! E sem registro, corre-se o risco de várias pessoas da empresa estarem falando com o mesmo cliente ao mesmo tempo. O cliente vai no mínimo se sentir exaurido com tantos contatos e terá a impressão clara de que a empresa é uma bagunça e que seus funcionários não conversam entre si.

Desde o surgimento da televisão, a propaganda invade a vida das pessoas sem pedir licença. No começo da era digital, os sites traziam banners e pop-ups, que também geravam algum tipo de incômodo. Havia núcleos dentro da publicidade que defendiam essas intervenções mais invasivas, e outros que entendiam a necessidade de respeitar o usuário para que as interferências não afetassem a experiência com o veículo de comunicação.

Mas os anunciantes querem vender, e as oportunidades são cada vez mais disputadas, porque conquistar a atenção do cliente é ouro no meio de tantas distrações. E está na mão dele, com o celular em punho, decidir se curte ou não, se comenta ou se clica em "Pular anúncio" no YouTube.

Essa é uma questão que vem sendo discutida há muitos anos. Determinadas campanhas causam tanta saturação que o efeito do anúncio acaba sendo contrário. É o caso da personagem que aparecia em propagandas no YouTube para ensinar as pessoas a conquistar seu primeiro milhão. A mensagem da moça era clara e direta para quem quisesse dar play no anúncio, mas a peça gerou um nível de desconforto tão grande que virou piada nas redes. Os memes viralizaram. Um deles insinuava que a personagem ia pular para fora de um armário. Outro temia que ela surgisse no meio de uma conversa qualquer. Em vez de repercutir positivamente e de trazer um resultado ativo para a marca, a campanha foi exaustivamente massacrada pela força das redes sociais – as mesmas redes que, na teoria, deveriam "impulsionar" aquela propaganda.

Minha intenção aqui é que você compreenda que esse novo consumidor é inteligente o suficiente para perceber quando uma empresa passa do ponto ou força a barra na persuasão por meio dos famosos gatilhos mentais. Esse tipo de estratégia já ficou ultrapassada para um cliente que deseja uma relação cada vez mais verdadeira e humana.

Já fui responsável pelo marketing de uma grande empresa, e tínhamos a responsabilidade de gerar *leads* (captar potenciais clientes para os negócios) para que quase 2 mil vendedores efetuassem vendas. E digo com toda a convicção que as campanhas que mais convertiam eram as mais humanizadas: o elogio espontâneo, uma reportagem genuína em um programa de credibilidade na TV ou até mesmo a cartinha preparada por nós contendo a opinião de centenas de clientes sobre o produto que oferecíamos. Sempre fui avessa a pegadinhas e induções para esse propósito.

Por trás de uma conversão em vendas de 5% que um diretor de marketing comemora ao ver o resultado de uma campanha, há uma não conversão de 95% de pessoas, sem sequer uma estimativa de quantas rejeitaram aquela propaganda. Quando falo de "sufocamento", me refiro à sensação de bloqueio, quando o consumidor fica tão insatisfeito com a abordagem que quer fugir para as montanhas antes mesmo de ser impactado pela marca ou pela campanha.

Mas, de uma vez por todas, qual é a medida certa? Você só a encontrará quando conhecer profundamente o seu público e souber como impactá-lo, conectando-se com ele de forma genuína – esqueça os chavões do tipo "compre essa geladeira de X por X, mas só até amanhã". Uma empresa deve ter mais para oferecer em sua comunicação do que apenas isso. Repito: as pessoas não compram só preço, elas compram você – sua marca, seu propósito, seu esforço de abraçar causas sociais!

As empresas do futuro serão aquelas capazes de gerar encantamento e de se comunicar com a alma, atraindo consumidores com um tratamento humanizado. A marca precisa encontrar a forma certa de abordar e atrair com uma propaganda. E, para isso, a empatia nunca foi tão importante.

Em março de 2020, logo que a pandemia de Covid-19 começou, as pessoas foram instruídas a entrar em isolamento social e ficar em casa. Desesperadas, algumas marcas se posicionaram, tentando enfiar seus produtos goela abaixo. Por exemplo, uma marca de carro tentou dar descontos e isso foi um tiro no pé, porque ninguém estava saindo de casa e ficou nítido que aquela atitude mostrava descontrole. Em contrapartida, outra empresa respeitou o espaço dos consumidores e criou uma campanha que dizia: "Para nós, o que importa é a sua segurança. Fique em casa". A conexão estava feita. Mesmo que o consumidor não adquirisse aquele produto imediatamente, ele sentiu que a marca respeitava o momento que ele estava vivendo.

Assim que a crise se instalou, o Magazine Luiza não deixou de vender geladeiras, mas ainda assim ponderou sobre sua responsabilidade para colaborar com a situação que a sociedade estava enfrentando. Luiza Helena Trajano "meteu a colher", como ela mesma diz, nos assuntos que precisavam ser abordados publicamente, fez inúmeras lives para apoiar empreendedores e incentivar mulheres, criou parcerias com o Sebrae e disponibilizou ferramentas para pequenos varejistas. Todos esses esforços levaram o Magalu a um novo patamar, e a empresa inclusive foi reconhecida como uma das que melhor souberam lidar com a crise.

Não tem jeito: ações como essa ficam marcadas no inconsciente das pessoas, e, assim que têm oportunidade, elas adquirem um produto daquela marca. Para que isso aconteça, a atração e a venda devem estar baseadas numa conexão verdadeira. Embora eu tenha estudado sobre os gatilhos mentais na minha formação em marketing, aprendi na prática que a melhor conexão é aquela feita com empatia, transparência e verdade.

As armas da persuasão são muito poderosas, se usadas na medida certa e adaptadas para a realidade da sua empresa, do seu propósito e do perfil dos seus clientes. Os consumidores estão cansados das cópias, dos e-mails de prospecção iguais que recebem aos montes – parece que só muda o nome da empresa!

Steve Jobs dizia que é preciso estar muito perto dos clientes e compreendê-los tão bem a ponto de não precisar perguntar qual é a necessidade deles. Entende? A sintonia deve ser a maior possível, para que você consiga criar o que ele realmente precisa! Então, antes de ativar uma campanha de publicidade ou de montar um programa de relacionamento com clientes atuais, faça um longo trabalho de pesquisa sobre o seu público – seus desenhos, seus interesses, suas vontades e seus sonhos.

Um estudo publicado na *Harvard Business Review* mostrou que muitas vezes os clientes consideram excessivo o esforço extra para encantar e agradar. Os pesquisadores entrevistaram pessoas da China e da América do Norte de diversos segmentos – salões de cabeleireiro, telefonia, suporte técnico – e descobriram que o excesso de gentileza e o zelo elevado em determinadas ocasiões podem gerar no cliente certa aversão; muitos se sentem sufocados e chegam a desconfiar do serviço prestado. Sabe aquele ditado "quando a esmola é demais o santo desconfia?".

Pecar por exagero pode ser raro, mas é tão marcante quanto não agradar. Certa vez um casal de amigos foi a um restaurante que oferecia um serviço superexclusivo, com menu e carta de vinhos compostos de produtos orgânicos. Os dois pediram uma garrafa, que foi trazida por um garçom que era sommelier e fez questão de explicar tudo sobre aquele rótulo, desde a colheita da uva até o preparo e o diferencial daquela safra. Embora minha amiga estivesse interessada, seu companheiro ficou incomodado. Era um jantar romântico, e a conversa interminável do garçom tomou quase todo o tempo do casal.

Uma abordagem como essa é boa se o cliente se mostrar interessado e abrir espaço para continuar a conversa. Do contrário, se ele ficar mudo, só ouvindo, querendo encerrar o papo, significa que a interação passou dos limites. A boa notícia é que isso é treinável: você pode capacitar sua equipe para ter mais empatia e ser sensível aos sinais que o cliente dá. Dá trabalho, mas o resultado é maravilhoso!

Quer outro exemplo? Dia desses entrei rapidamente em uma farmácia com um único propósito: comprar aquela pílula milagrosa que alivia a cólica. Eu estava sentindo muita dor, com o semblante abatido e pálida. Quando fui até o balcão para pedir o remédio, o atendente me passou por aquela sabatina de digitar o CPF para imprimir as ofertas e os descontos do dia. Mesmo eu dizendo que não precisava, ele insistiu. OK, tudo bem, CPF informado. Já no caixa, a moça me perguntou se eu queria levar o desodorante X, que estava na promoção. Recusei. Ela me ofereceu uma revistinha, recusei mais uma vez. Por fim, depois que passei o cartão e já estava estendendo a mão para pegar minha compra e ir embora, a atendente segurou a sacola (que, aliás, era muito grande para um remédio tão pequeno) e disse: "Só um momento, por favor".

Deu a volta no caixa e completou: "Vou acompanhar você até a porta". Ao chegar à saída, ela ainda fez um belo discurso de agradecimento pela minha visita à farmácia. Só depois de tudo isso fui liberada para ir para casa para tomar meu remédio.

E o que essa história diz? Encantamento tem medida. Tem perfil, tem momento. Talvez, naquela ocasião, encantamento para mim fosse um copo de água para engolir o comprimido. Não deixei de frequentar essa farmácia, mas já sei que, se estiver com muita dor, não é lá que devo ir.

As empresas do futuro precisam entender de gente. Muitas vezes o cliente contorna o problema e continua convivendo com aquilo, e só quando você se aproxima mais dele é que começa a entender até que ponto pode ir e o que pode oferecer.

Abraço é bom, mas basta uns segundos a mais para passar do ponto e colocar tudo a perder.

3

REPUTAÇÃO

*A maneira de se conseguir boa reputação reside no esforço
de ser aquilo que se deseja parecer.*
SÓCRATES

"Reputação" é, segundo a Wikipédia, "a opinião (ou, mais tecnicamente, a avaliação social) do público em relação a uma pessoa, um grupo de pessoas ou uma organização".

Você talvez se sinta cheio de razão ao avaliar o motorista do aplicativo com uma, três ou cinco estrelinhas. Pode estar convicto de que agiu bem ao disparar comentários inflamados nas redes sociais daquela marca que fez algo que você desaprovou. Acredita que está sendo realista e transparente quando aluga uma casa por um aplicativo e avalia aquele serviço com todas as suas impressões sobre o local. Crê que tudo isso ajuda as outras pessoas a serem mais críticas em relação a um serviço.

Mas e quando o feitiço vira contra o feiticeiro? Já parou para se perguntar qual é a sua reputação ou então a reputação da sua marca?

Em 2019, estreou na Netflix a terceira temporada do seriado provocativo *Black Mirror*. O primeiro episódio, "The National Anthem", feito sob medida para nos tirar da zona de conforto, se passa num futuro em que a reputação das pessoas é mensurável. Todos estão atentos 100% do tempo para não pisar na bola e perder estrelinhas, já que a opinião alheia é muito importante: a aquisição de serviços depende de uma boa pontuação. Mas a história deixa claro que sorrir e tentar ser simpático e agradável o tempo todo torna as pessoas quase que personagens delas mesmas.

A série trata de uma reputação mais fictícia do que real, já que a interpretação pode render uma boa nota. Afinal, observar as avaliações de uma pessoa ou de um objeto consiste em criar a nossa percepção a partir do filtro de outras pessoas.

As redes sociais, hoje, incentivam seus usuários a buscar intensamente uma reputação inabalável – sejam eles pessoas comuns, influenciadores digitais ou marcas. No entanto, é no dia a dia e no off-line, quando não é possível sustentar um personagem o tempo todo, que a verdade vem à tona. Como, então, garantir uma boa reputação?

Pense numa propaganda bem elaborada, num anúncio de encher os olhos, com narração perfeita e um storytelling de dar inveja a qualquer roteirista de cinema, já de olho nas premiações de Cannes. A publicidade sabe encantar, e não é de hoje que somos seduzidos por uma boa propaganda. No entanto, ela não é poderosa o suficiente para construir a reputação de uma marca. Pode até reforçar uma boa reputação, mas não é capaz de mudá-la.

Pode perceber: quantas vezes você já viu um comercial encantador de uma marca e ao mesmo tempo sabia de um caso grave que acontecia nos bastidores? Um deslize, uma fala equivocada de um CEO, o comportamento inadequado de um colaborador, um atendimento malfeito, algum segredo que comprometa a imagem da marca... E pronto: lá se vão rios de dinheiro investidos em propaganda.

O bilionário Warren Buffet costuma dizer: "Perca dinheiro da empresa e eu serei compreensivo. Perca uma migalha da reputação dela e eu serei impiedoso". Percebe que, até para um dos caras mais ricos do mundo, a reputação está acima do dinheiro?

Se a reputação antecede a credibilidade, anos de construção podem ir ladeira abaixo em segundos. Quando comete um erro, a empresa precisa agir rápido, senão o mundo não perdoa.

Talvez você já tenha ouvido falar sobre o famoso caso do rato na Coca-Cola, que, no começo dos anos 2000, levou um consumidor até a televisão para detonar a marca. Ele dizia ter evidências, e a marca, idônea, teve que se esforçar para se posicionar diante das dúvidas que um cliente disseminou entre milhares de consumidores do refrigerante em todo o Brasil. Chegamos a ver o produto em promoção nos supermercados, enquanto a gigante do ramo abriu as portas para demonstrar que aquela acusação não tinha fundamento. Sem medo de dar as caras, a empresa de refrigerantes mais conhecida do mundo encarou aquele episódio inconveniente como uma oportunidade para fortalecer sua marca e levou estudantes para dentro de suas fábricas para que pudessem conhecer seu processo de fabricação.

Em 2013, quando o caso voltou à tona, a Coca Cola continuou fazendo uma boa gestão de crise, retratando-se publicamente. Um comunicado dizia:

> Sobre o caso de um consumidor registrado no ano de 2000 e recentemente veiculado na imprensa, a Coca-Cola Brasil esclarece que:
>
> Todos os nossos produtos são seguros e os ingredientes utilizados são aprovados pelos órgãos regulatórios, em um histórico de 127 anos de compromisso e respeito com os consumidores. Os nossos processos de fabricação e rígidos protocolos de controle de qualidade e higiene tornam impossível que um roedor entre em uma garrafa em nossas instalações fabris.
>
> Lamentamos o estado de saúde do consumidor, mas reiteramos que o fato alegado não tem fundamento e é totalmente equivocada a associação entre o consumo do produto e o seu estado de saúde.

O cliente nem sempre tem razão, mas, em algumas situações, a fúria dele é tão grande que o acontecimento viraliza em minutos. Foi o que aconteceu em um famoso case de uma marca de eletrodomésticos. Um homem havia adquirido uma geladeira que, depois de alguns anos, apresentou vazamento de gás. O consumidor solicitou a visita de alguns técnicos autorizados, e foi constatado que o problema de funcionamento exigia a troca completa da carenagem do eletrodoméstico, por um custo ainda maior que o de uma geladeira nova. Depois de tentativas infrutíferas de contato com a empresa, o homem, que estava sem geladeira havia três meses, fez um vídeo que se espalhou nas redes instantaneamente. Quando a marca tomou conhecimento do caso, seu nome estava sendo citado nos trending topics do Twitter. Em cinco dias um novo produto foi entregue ao reclamante.

O vídeo, cujo título é *Não é uma Brastemp*, viralizou e alcançou milhares de pessoas, mas a boa reputação da marca, já muito consolidada no mercado, possibilitou uma saída pouco prejudicial para aquela crise de imagem. Ainda que houvesse danos, a empresa conseguiu se reestruturar e se recompor. Em sua retratação pública, divulgou um comunicado admitindo que o atendimento tinha sido precário. O desfecho interessante dessa história é que o evento gerou uma reestruturação interna na Brastemp, que aproveitou a oportunidade para rever processos e melhorar o atendimento ao cliente.

Episódios como esses enfatizam a força das redes sociais na propagação de notícias. As curtidas e compartilhamentos podem imediatamente arranhar ou até mesmo destruir a reputação de uma marca, e isso nem sempre está no radar de um serviço de atendimento ao consumidor. Basta uma crise interna acontecer na empresa e BUM: o caso pode se propagar no mesmo instante num grupo de WhatsApp ou no Twitter. Está instalada a crise de reputação. Salve-se quem puder.

Se você ficou apavorado com isso, calma. Tudo pode ser evitado. Nenhuma marca íntegra, com reputação de verdade, vê sua história ser destruída do dia para a noite se ela tiver sido construída sobre bases sólidas.

Um dos maiores erros das companhias é pensar na gestão de crise só depois que ela explode. O ideal é que qualquer empresa conte com um procedimento (para os pequenos negócios) ou um comitê (para os grandes) para se encarregar desse tipo de problema. Além de deixar registrado quem é o porta-voz da empresa e quais representantes devem ser acionados nessas situações, a comunicação deve ser um pilar fundamental num cenário de crise. Diante da polêmica, o que sua empresa não pode fazer é ficar calada, porque isso impulsiona uma onda de boataria que não é nem um pouco saudável

Mas não é preciso aguardar que uma situação crítica se instaure para olhar para a reputação de uma empresa. Um empreendedor, logo que começa a planejar a criação do seu negócio, deve construir os valores, a visão e a missão da companhia. Sobre essa base sólida será possível conduzir a empresa com propósito, o que contribui para o início da construção de uma reputação.

Aqui vale a máxima "dentro de casa é que começam os bons exemplos": seja uma papelaria, seja uma fábrica, quem dá o pontapé inicial num negócio deve ter clareza quanto ao que quer transmitir, preocupando-se com sua imagem e com a imagem que a equipe vai transmitir.

Por exemplo: se abro um restaurante, evidentemente preciso imaginar que na linha de frente, cuidando dos clientes, deve haver alguém com certas habilidades. Talvez uma pessoa comunicativa, de preferência que saiba indicar bons pratos. Pode ser ainda que, antes mesmo de treinar a equipe, surja a necessidade de contratar alguém minimamente paciente com crianças, que também farão parte do público do estabelecimento.

A reputação do lugar tem tudo a ver com quem está ali no dia a dia. A marca pode ser a mais conhecida ou bem avaliada do mundo, mas ninguém vai poupar esforços para detoná-la quando um colaborador cometer um deslize de verdade.

"Ah, Gisele, não acho certo minha marca se responsabilizar por atitudes inconsequentes de funcionários!" Aí pode morar um grande perigo. Enquanto esse colaborador trabalhar para sua empresa, ele vai representá-la e consequentemente compor a reputação dela. Se, num momento de crise, você tentar extirpá-lo do seu negócio em vez de reconhecer o erro e pedir desculpas, a crise vai se agravar ainda mais. São os momentos de dificuldade que mostram aos clientes quem verdadeiramente assume a responsabilidade pelas falhas, trabalhando para corrigi-las. E não se engane: o consumidor é muito inteligente para perceber tudo isso!

Um exemplo disso aconteceu nos Estados Unidos em 2019, numa unidade da Filadélfia da cafeteria Starbucks. Dois amigos aguardavam um terceiro e pediram para usar o banheiro. Como ainda não tinham consumido na loja, o pedido foi recusado, e o gerente exigiu que deixassem o local. Além do evidente despreparo, a reação do funcionário mostrava indícios de que se tratava de um ato racista. Como os dois homens se recusaram a sair, já que estavam esperando uma pessoa, o funcionário chamou a polícia, e os dois clientes saíram da loja algemados. No dia seguinte, filiais da rede por todo o país estavam lotadas de manifestantes inconformados.

O caso viralizou imediatamente. O gerente responsável pela atitude grotesca foi demitido. O CEO da rede, Kevin Johnson, fez um pedido público de desculpas e foi até a casa das vítimas para conversar pessoalmente com elas. Além disso, a Starbucks decidiu fechar todas as suas lojas no país durante um dia para treinar a equipe sobre atos preconceituosos e contratou Eric Holder, um ex-procurador americano, como parte dos esforços de longo prazo da empresa em prol da diversidade e igualdade.

Esse caso nos mostra duas coisas: primeiro, que todas as pessoas que vestem a camisa de uma marca a representam, portanto precisam entender qualquer atitude impensada refletirá na marca. Em segundo lugar, apesar de a situação ter sido absurda, o CEO foi a público dizer que aquela atitude não refletia os valores da Starbucks, e essa transparência fez as pessoas entenderem que se tratava de um evento isolado e não de um cenário que expusesse uma política interna da empresa.

Sempre digo que é necessário, mais do que nunca, estar atento para questões de gênero e diversidade. Isso não pode ser apenas um discurso para a imprensa ou para as redes sociais: precisa ser entendido dentro de casa. Suas ações internas como empreendedor devem ser congruentes com seus valores e com o que você prega.

Certa vez fui contratada por uma grande montadora de carros para uma consultoria. Os diretores pediram que eu mostrasse como humanizar o atendimento. Assim que cheguei para a reunião, depois de observar que só havia homens na sala, constatei que de fato estavam se esforçando muito para humanizar a relação com os clientes, mas não sabiam o que fazer para melhorar mais. A primeira coisa que disse a eles foi: "Vocês precisam contratar uma mulher para o time!".

Eles se entreolharam, rindo, sem entender o quanto aquilo era importante. Mas depois se deram conta do que eu estava falando. Queriam ter mais sensibilidade para entender o cliente, encantá-lo, criar uma

46

conexão de verdade, porém, como todos tinham o mesmo perfil racional e com foco na solução e não em relacionamento, não conseguiam. Esses engenheiros são engraçados...

As grandes empresas estão tão atentas a isso que em 2018 a Amazon renunciou a uma ferramenta secreta de recrutamento que parecia conspirar contra mulheres. Na ânsia de modernizar a busca por talentos, a ferramenta observava padrões em currículos de forma automatizada, e isso fazia com que mais homens fossem selecionados para as áreas de tecnologia em comparação com as mulheres. Quando a companhia detectou o problema, começou a recrutar com foco em diversidade.

A verdade é que, no mundo todo, as empresas precisam olhar para essas questões com o mesmo carinho com que olham para outras partes de seus negócios. Não dá mais para levar de qualquer maneira esse assunto tão relevante e com tanto impacto na reputação da empresa. As qualidades femininas somadas às masculinas geram uma riqueza de contribuição incrível. A filosofia da liderança shakti, inspirada na sabedoria milenar dos iogues hindus, está aí para provar a importância do equilíbrio entre esses atributos.

A diversidade, a responsabilidade social e a forma como a empresa lida com seus colaboradores e seus clientes precisam ser *reais* dentro da marca antes de se "colocar a cara para fora", uma vez que, como vimos, a reputação é algo puro e consistente. E é impossível maquiá-la.

Quando o negócio é criado com um propósito e a contratação do time já está focada nele, o resultado é que o consumidor consegue sentir isso, como se a alma da marca estivesse escancarada diante dele. O que é muito diferente de certas empresas, já velhas conhecidas do público, que tentam vender a imagem de que se preocupam com boas práticas, mas só o que conseguem é gerar nas pessoas a sensação de "quem eles estão querendo enganar?".

O Nubank, por exemplo, é totalmente centrado no cliente, e sua missão, desde que foi fundado, é "empoderar as pessoas e dar a elas mais controle sobre a sua vida financeira". Esse empoderamento é estendido aos colaboradores. Durante a entrevista, a seleção é bem clara: se o colaborador não demonstrar interesse espontâneo em encantar o cliente, não será contratado.

Quando se é verdadeiro em todos os processos internos, até mesmo durante o recrutamento de um colaborador é possível dar um feedback que reflete essa posição de valorizar a transparência. Aconteceu comigo uma vez, ao me deparar com um candidato que estava ansioso por uma vaga na área comercial, mas que tinha perfil totalmente voltado ao atendimento. Eu sabia que não poderia aceitá-lo naquela posição, mas fiz questão de explicar os porquês daquela recusa, e essa transparência foi o pontapé inicial para que ele mudasse de área de atuação.

Ser transparente é não deixar fios soltos. Você já deve ter visto casos de pessoas que representam uma marca e têm na ponta da língua discursos efusivos sobre determinadas questões, mas, numa entrevista ao vivo, acabam dizendo o que pensam de fato. E isso tem sido potencializado com as lives no Instagram: sem um diretor ou produtor – como acontece num programa de televisão –, CEOs de empresas, empresários, pessoas públicas e influenciadores digitais, para citar apenas alguns exemplos, acabam expondo suas opiniões sem medir consequências. E, se o discurso não estiver alinhado com o que sua agência de comunicação ou sua marca propagam, torna-se insustentável.

Uma marca transparente é o reflexo de uma empresa feita de pessoas transparentes. Você só cria credibilidade no mercado quando a sua reputação fala mais alto que você, e são as pequenas práticas que sustentam seu discurso e fazem as pessoas passarem a ter confiança nele. A relação entre cliente e marca deve começar por aí.

Vou te dar um exemplo básico sobre como a reputação reflete nesse começo de conversa entre o cliente e a marca. Você acaba de saber que sua amiga foi maltratada em certo estabelecimento comercial, ou então você viu na mídia que determinado supermercado se envolveu numa situação de maus-tratos de animais. Essas informações chegaram de alguma forma a seus ouvidos, e a marca, o estabelecimento ou a empresa naturalmente perdem a credibilidade que você depositava neles. Você não pensa duas vezes antes de abandonar sua lanchonete favorita se assistiu a um vídeo do fundador da marca falando algo que você desaprova. Ou seja: antes mesmo de a empresa falar de si mesma, alguma coisa (ou alguém) fala por ela.

Embora a reputação possa fazer estragos, ela também é capaz de gerar uma imagem que magnetiza as pessoas – não pelo que ela fala, mas pelo que faz.

Numa época em que a credibilidade da marca está diretamente associada à imagem do CEO, do presidente ou do fundador, os cuidados devem ser redobrados.

Dois episódios na minha carreira me fizeram entender que reputação é algo que se constrói com atitudes condizentes com o posicionamento da marca, e para isso é importante se cercar de pessoas que compartilhem os mesmos valores.

A primeira vez que presenciei um cenário imprevisível no ambiente profissional foi quando, durante uma viagem de negócios, recebi um e-mail anônimo com uma série de possíveis acusações de assédio dentro da empresa. A mensagem relatava situações do dia a dia que acabam incomodando as mulheres: olhares indevidos, elogios desnecessários, piadas de mau gosto. A remetente era mulher. A programação da viagem foi pausada de imediato, e uma reunião de emergência foi convocada para tratar do assunto com a seriedade que ele merecia.

Depois de uma ampla análise das decisões que precisavam ser tomadas, uma reunião geral dos colaboradores foi marcada para reforçar que as práticas relatadas no e-mail não seriam aceitas, que qualquer nível de assédio era inadmissível ali dentro e que atitudes consideradas suspeitas seriam punidas com rigor.

Aquele dia ficou marcado na empresa, mas não se compara a outra situação completamente inesperada de que eu mesma fui vítima. Certa vez recebemos alguns senhores italianos para fechar um possível negócio. Fui muito receptiva e fiz questão de cuidar de todos os detalhes para que se sentissem acolhidos e abraçados em nosso país. O projeto tinha tudo para dar certo, mas não pudemos seguir em frente em razão de uma atitude infame de um deles, que me assediou em pleno almoço de negócios! Ao renunciar a uma grande oportunidade por conta do

49

comportamento inadequado de um possível investidor, levantamos a bandeira de que o nosso caráter e, consequentemente, nossa reputação importavam mais do que tudo.

Episódios como esses me fizeram entender que credibilidade não se compra. Já presenciei, inclusive, situações em que empresas tentaram de alguma forma oferecer suborno para melhorar indicadores ou obter favores. Acredito verdadeiramente que ética é uma coisa que você tem ou não tem, não existe meio-termo. E, quando você tem, abomina atitudes como essa, independentemente de qualquer coisa.

Ser coerente com o que se prega é um dos maiores desafios de uma organização e, ao mesmo tempo, pode ser seu maior trunfo. De que adianta falar sobre a reputação de uma marca se dentro dela os casos de assédio são tolerados, a direção fecha os olhos para cantadas baratas numa rodada de conversa, e doações escusas circulam em envelopes?

Para quem está na liderança de um negócio, vou reforçar o recado: a mentalidade do líder sempre reflete na imagem da empresa, e é preciso ser impecável com a palavra e com as ações para que a reputação seja digna de elogios. No entanto, algumas coisas podem sair do controle, e é nessas horas que a transparência e a comunicação rápida fazem a diferença.

Não adianta fechar os comentários nas redes sociais, ficar em silêncio e esperar que outro caso viralize nas redes. Sem um posicionamento firme, tudo pode entrar em evidência e ser potencializado. Caso o erro tenha sido mesmo cometido, a transparência no pedido de desculpas é o que vai recuperar a imagem da marca.

Embora a trama do episódio de *Black Mirror* seja fictícia, ainda assim as pessoas se pautam na reputação das marcas para tomar decisões. Muita coisa mudou no comportamento do consumidor nesses últimos anos. Antigamente, o modelo mental de compra era baseado em três momentos: o estímulo (a propaganda), o primeiro momento da verdade (quando havia o contato com o produto) e o terceiro momento da verdade, que era a experiência com o item em si.

Com a popularização da internet e a evolução dos mecanismos de busca virtual, uma nova etapa foi acrescentada a esse modelo: o consumidor tem o estímulo e, na sequência, ele *pesquisa* sobre o produto ou serviço. Inicialmente, esse momento foi batizado pelo Google de ZMOT (*zero moment of truth*, ou momento zero da verdade). Durante alguns anos o consumidor manteve esse comportamento, mas as mídias digitais viram a oportunidade de influenciar a decisão de compra justamente na etapa da pesquisa.

Contudo, a transformação digital e a nova economia, baseada na confiança do consumidor e reputação, subverteram esse itinerário da venda. Hoje, o cliente pesquisa em todos os lugares que pode: pergunta para amigos, pessoalmente e no WhatsApp, entra em fóruns na internet e acessa o ReclameAQUI. Mas não é só isso! Qualquer contato entre o cliente e a empresa se torna um ponto de partida para que ele analise se deve ou não confiar na marca: promoções recebidas por e-mail, experiências anteriores de compra, posicionamentos da marca perante questões sociais, telefonemas de vendedores, relatos de outros consumidores, atrasos na entrega, atendimentos já realizados, experiências com assistência técnica... Tudo isso determina a disposição do consumidor a arriscar uma compra (ou uma recompra) de determinada marca, levando em conta a confiança que ele tem nela.

Como vimos, para vender para esse novo perfil de cliente e mantê-lo fiel, não basta ter um bom produto e um bom preço. Agora responda: na sua opinião, o bom atendimento influencia na reputação de uma marca?

Costumo dizer que uma empresa é tão boa quanto o último atendimento prestado, porque é a experiência dessa interação que leva o cliente atendido a construir mentalmente a reputação da marca, decidindo se deve ou não continuar confiando nela. Por isso, é fundamental que o atendimento seja eficiente e rápido, para reduzir o esforço do cliente e aumentar sua confiança. Ou seja, fazer o básico bem-feito – o "arroz com feijão"!

A construção da reputação depende de uma história repleta de bons momentos com seus clientes. Portanto, não é o que você diz que vai fazer, mas o que você genuinamente já fez e está fazendo, que vai levar sua marca mais longe, com sustentabilidade.

Reputação é uma das moedas mais valorizadas na nova economia.

4

ENGAJAR COM ATITUDE E COERÊNCIA

No final das contas, todo post vira SAC.

"Eu não consigo ter meu dinheiro de volta!" Essa era a reclamação de uma amiga depois da sétima vez que entrava em contato com uma palestrante. Ela tinha adquirido o ingresso para um evento que aconteceria no mês de abril, mas que foi adiado por tempo indeterminado. Como o convite já estava pago e não havia previsão da nova data do evento, pediu, através das redes sociais da palestrante, o ressarcimento do valor.

Nenhuma resposta.

Depois, minha amiga escreveu para o e-mail que a atendera como suporte, e mais tarde fez solicitações por telefone, mas foi ignorada todas as vezes. Enquanto assistia a uma das lives dessa conhecida palestrante – que continuava a aparecer diariamente nas redes sociais, sem emitir nenhum comunicado para milhares de pessoas que haviam adquirido o ingresso –, ela comentou comigo pelo direct: "Como pode tanta cara de pau?".

Esse é só um exemplo do que um mau atendimento pode fazer. Não importa se se trata de uma empresa grande ou de uma pessoa que virou marca: a partir do momento em que um serviço ou um produto é vendido, é preciso organizar a casa internamente para dar suporte aos clientes e suprir a demanda que surge depois das vendas. Se a palestrante citada tinha investido tanto em marketing para vender o evento, era incabível que não tivesse uma equipe para fornecer esse suporte. Afinal, o pós-venda é o início da nova venda.

Talvez as reclamações nem chegassem até ela, mas sua imagem de pessoa pública ficou arranhada, porque era completamente incoerente com o que pregava nas redes sociais. É como costumo dizer: não adianta crescer demais e não dar conta do que vem depois.

53

Já vi muitas marcas e celebridades serem derrubadas por fazerem um atendimento precário ao cliente ou por ignorarem as reclamações, mas nada se compara ao que acontece quando esse descuido chega ao limite do preconceito e discriminação.

Certa vez, um cliente registrou uma queixa no ReclameAQUI contra uma pequena empresa de serviço de internet sediada em Minas Gerais. O cliente reclamava da indisponibilidade constante do sinal e buscava suporte. O dono do empreendimento respondeu à reclamação de maneira totalmente vergonhosa e discriminatória, colocando a culpa do mau serviço nos nordestinos. Surpreso, o reclamante respondeu dizendo que talvez ele tivesse se equivocado na resposta, mas o empresário reiterou o que havia dito. Dito e feito: o cliente printou a tela e o caso foi parar nos jornais, nas mídias sociais e nos veículos de comunicação. Na época a empresa se esquivou, dizendo que não sabia quem tinha dado aquela resposta indevida, e chegou a supor que a sua conta tivesse sido hackeada. É claro que a desculpa não colou, e ela foi acionada judicialmente.

Você acredita que essa empresa, com esse tipo de visão e de postura vindas do CEO da companhia, está de pé até hoje? Não, seguramente não. Ela fechou as portas logo após o ocorrido.

Absurdos como esse, passíveis de denúncia, parecem casos isolados, mas infelizmente não são. É claro que nem sempre impropérios e atitudes discriminatórias partem das marcas, mas, quando os clientes botam a boca no trombone porque não "concordam" com algum posicionamento, cabe à companhia decidir como se posicionar, respeitando seus valores e seu propósito.

Foi o que aconteceu em 2019, quando o Boticário decidiu fazer um comercial de Dia dos Namorados posicionando-se abertamente como uma empresa que respeita a diversidade e é contra tabus e preconceitos. A peça publicitária mostrava beijos entre diversos casais, incluindo homossexuais. Apesar de o comercial ter sido acolhido pelo público, atraindo uma audiência que fez a marca viralizar nas redes, houve reclamações de consumidores que se sentiram ofendidos com a postura da empresa.

De tão absurda, essa situação rendeu memes e criou uma onda ainda maior de pessoas dizendo: "Se é para boicotar alguma coisa, que seja a ignorância". O Boticário reforçou sua postura e se posicionou no mercado como uma empresa atenta à diversidade. A propaganda foi mantida no ar, mesmo que uma parte dos clientes não concordasse.

No Dia dos Pais de 2020, a Natura fez uma ação que também provocou bastante polêmica: convidou Thammy Miranda, um homem trans que havia acabado de se tornar pai, para estrelar a campanha. Isso bastou para provocar a ira da parcela conservadora da sociedade – mas, em contrapartida, trouxe uma imagem positiva à marca, que ganhou o debate, mostrando que colocava inclusão e diversidade em pauta. Como resultado, as ações da Natura dispararam.

Para chegar a esse patamar, a empresa precisa estar muito firme em seu propósito e saber se comunicar, mesmo que seja para negar o pedido de um cliente. E, caso ainda não tenha ficado claro, eu garanto: quando falamos em mídias sociais, não dá para separar o marketing digital do SAC. No final das contas, todo post vira SAC. Ou seja, uma conversa pode ser ativada por uma publicação e terminar no direct ou até mesmo num comentário com reclamação ou pedido de ajuda.

As mídias sociais são como a sala de uma casa. A cada post feito, é como se a porta da frente fosse aberta e as pessoas fossem convidadas para se sentar e conversar com a marca. Mas ninguém chama um convidado para entrar, depois vira as costas e o deixa falando sozinho. É necessário interagir.

E a interação começa de dentro para fora, entre os departamentos de marketing e atendimento da companhia. Posso dizer que, ao longo dos meus vinte anos de jornada nesta área, conto nos dedos das mãos as empresas que têm uma comunicação afinada e entrosada entre esses dois setores. O pessoal do SAC digital se queixa de que só fica sabendo da estratégia de marketing depois que a campanha é publicada, quando chegam as reclamações dos clientes. O marketing revida, dizendo que não consegue engajamento nos posts porque o SAC digital não interage com o cliente de forma amigável ou responde que não está por dentro de alguma promoção que foi lançada. Enfim, a falta de comunicação entre as áreas é tão grande que, no final, sai todo mundo perdendo: cliente, empresa e colaboradores.

55

Essa situação levou muitas empresas a terceirizar o marketing digital e o SAC digital (ou SAC 2.0, como alguns chamam) para o departamento de marketing ou a contratar uma agência de marketing digital.

Aí mora um grande erro. Entendo se você discordar de mim, mas o fato é que a maioria das agências de marketing digital está focada em métricas de engajamento, alcance, conversão e vendas de uma campanha. Isso não está errado; é o trabalho delas. O problema é que sobram pouco tempo e atenção a reclamações, problemas, pedidos de ajuda e toda sorte de demandas que clientes geram nas mídias sociais e posso dizer que aí mora o diamante da relação da marca nas mídias sociais. Aliás, se você perguntar para uma equipe de social media o que eles mais gostam de fazer, seguramente não é SAC. Então, insisto: o melhor é entregar para cada setor o que ele é expert em fazer, e atender clientes ainda é o que o atendimento (ou a ouvidoria) sabe fazer.

Essas duas áreas devem ser postas para trabalhar em conjunto, integradas, como um único time disposto a gerar para os clientes a melhor experiência e a melhor comunicação nas mídias sociais. Mas se engana quem pensa que integração é marcar uma reunião uma vez por mês. É trabalhar lado a lado, construindo junto, mesmo que cada um seja responsável por uma fatia do processo. Difícil? Sim, mas é possível. Basta que os líderes desses dois setores queiram e se entendam.

Nesse processo de conexão interdepartamental, é fundamental que quem atende o SAC das mídias sociais e quem faz o marketing digital use as mesmas plataformas, tanto para monitoramento como para gerenciamento e postagens. Já vi centenas de empresas nas quais o marketing usava determinada ferramenta, mas, quando coletava reclamações ou solicitações de atendimento no monitoramento, colocava numa planilha e enviava por e-mail para o SAC responder. Não preciso nem dizer que a chance de isso dar errado – como alguém esquecer de uma resposta ou algo passar batido – é muito grande. Então, o ideal é que, num único sistema, o SAC tenha acesso on-line e imediato às demandas, para que possa tratar, resolver e responder tudo com agilidade. As empresas que implementam esse fluxo não só conseguem maior alcance e engajamento com seus posts como são mais admiradas pelos clientes, que se sentem respeitados, ouvidos e atendidos rapidamente quando acionam esses canais.

Quando as mídias sociais ainda eram novidade, algumas marcas faziam posts programados pensando na eficiência do processo. Muitas vezes, quando esses posts eram publicados, o cenário externo já tinha mudado e aquele conteúdo não fazia mais sentido – virando inclusive alvo de memes e ironias de seus seguidores.

Além disso, algo que não deve J-A-M-A-I-S ser feito em rede social é dar resposta-padrão ou recorrer ao famoso "copia e cola" de mensagens. (Aliás, isso não pega bem em nenhum lugar mais.) E, olha, preciso dizer que agradeço muito ao Mark Zuckerberg, fundador do Facebook, por não permitir respostas automáticas em suas plataformas, porque ia ser um Deus nos acuda de bizarrice. Mesmo sem que isso seja permitido, as marcas já se valem de respostas quase que automáticas. Imagine se fosse possível!

Estamos vivendo um novo formato de relações, que não são mais B2B ou B2C, mas sim H2H: humanos falando com humanos. E, veja só, pessoas não conversam com respostas-padrão! Por isso, sempre faça questão de personalizar toda resposta em cada interação com seus clientes – além de, é claro, acolhê-los, ser gentil e responder sempre com um "algo mais".

Existe um caso famoso no ReclameAQUI em que um cliente se queixou de um dos maiores fabricantes mundiais de eletroeletrônicos e recebeu uma resposta-padrão, igualzinha àquelas que ele tinha visto como resposta a outros clientes – não tinham nem colocado o nome dele! Indignado, fez uma nova reclamação, e a empresa respondeu da mesma forma, com CRTL+C, CRTL+V. Mais indignado ainda, o cliente decidiu publicar uma terceira reclamação, pois achava um absurdo a empresa nem sequer se dar ao trabalho de ler sua queixa. Ele suspeitava de que as respostas automáticas eram feitas por um robô e, para provar sua tese, enviou no corpo da reclamação uma receita de costela no bafo. E adivinhe qual foi a resposta da empresa. Pois é: a mesma resposta-padrão. O caso virou meme e saiu até em portais de notícia.

A essa altura, talvez pareça óbvio dizer que, em um momento em que o atendimento individualizado é tão valorizado, ninguém quer interagir com um robô. Por mais que a tecnologia possa otimizar alguns trabalhos, jamais substituirá o componente humano da empresa.

Muitas marcas adotaram o bot (ou robô) de respostas automáticas, e posso dizer com toda a certeza que a maioria dos clientes não se sente confortável com ele. Se você questionar as empresas que desenvolvem inteligência artificial desse tipo, elas dirão algo bem diferente, mas basta perguntar para o seu melhor amigo se ele gosta de ser atendido por um bot. Qual você acha que será a resposta dele?

Quem investe em pessoas para estabelecer um atendimento mais humanizado gera mais valor e mais conexão com o cliente e, consequentemente, mais vendas.

Contudo, por mais que a teoria pareça muito bonita, a humanização traz consigo grandes desafios. Por exemplo, o treinamento constante da equipe que realiza esse trabalho – que não é só técnico, mas sim um preparo de, entre outros, linguagem, compreensão de texto, escrita, empatia, criatividade e conexão com o cliente.

A Netflix – que é muito conhecida pela suas interações nas mídias sociais – está sempre atenta aos memes. Além de criar os seus próprios, sabe surfar na onda deles como ninguém. Os tuítes em resposta tanto a famosos como a anônimos já são consagrados na internet, que os eterniza e divulga aos quatro ventos.

Talvez você pense que é fácil ser engraçadinho quando se trata de um assunto de que todo mundo gosta – séries e filmes –, mas também existem comunicações irreverentes quando o tema é mais mórbido. O Cemitério Jardim da Ressurreição prova isso todos os dias. Com sacadas geniais, além de criar memes, eles conseguem interagir e se relacionar com seu público de maneira leve e engraçada – deixando claro que não querem que ninguém usufrua daquele serviço tão cedo.

Ser despojado na comunicação, estar atento à movimentação das redes e humanizar o atendimento ao cliente não é coisa só de grandes empresas. Pode ser que no seu WhatsApp você já tenha recebido o vídeo viral de uma mulher chegando a um restaurante e sendo arrastada pela força da água durante um temporal. Ela virou piada, mas o dono do estabelecimento não levou aquilo na brincadeira: fez um comunicado dizendo que gostaria de encontrá-la, deu a ela uma verdadeira noite de estrela e a premiou como cliente VIP vitalícia, mesmo que o incidente não tenha ocorrido dentro do estabelecimento.

O fato é que muitas marcas poderiam ignorar o assunto e se fingir de mortas, mas o empresário assumiu uma postura humana ao identificar a cliente e tentar reverter a imagem traumática da noite em que virou piada nas redes sociais. E o resultado para a reputação do seu restaurante foi positivo.

Investir na interação humana pode ser um grande diferencial, e não só para engajar clientes como para mantê-los ou encantá-los. E quando falo de interação que gera engajamento com atitude e coerência, não me refiro nem de longe àquele post programado e sem conteúdo afetivo. As postagens que mais viralizam e engajam são sempre as que se aproximam da verdade, do dia a dia, e não aquelas que tentam enfeitar a *timeline* com uma maquiagem da realidade.

Mas como organizar e garantir a melhor experiência para o cliente nesses canais? A primeira coisa é olhar para dentro de casa. Como está seu atendimento, a satisfação dos clientes com seus produtos, serviços e com seu time comercial? Porque, se isso não estiver legal, quando você fizer uma publicação – ou, em outras palavras, quando abrir a porta de casa e convidar os clientes para se sentarem no sofá –, eles certamente estarão com muita coisa engasgada para pôr pra fora, resultando em muito mais repercussão negativa do que positiva. Então esteja certo de que seus processos estão ajustados e de que seus clientes são bem atendidos quando acionam os canais da empresa.

Além disso, é fundamental definir o propósito da sua presença digital. Qual o seu intuito em estar nas mídias sociais? O que deseja de fato alcançar com a sua presença nelas? Isso precisa estar claro não só para o empreendedor, mas para todos aqueles que estão envolvidos nessa função.

Por fim, eu não poderia deixar de citar o quanto é importante definir qual será sua persona. Como a marca se apresenta nas mídias sociais? A comunicação é jovem ou mais madura? É formal ou informal? É sofisticada ou acessível? Feminina ou masculina? Essa definição é fundamental para que as pessoas comecem a construir uma imagem da empresa nessas interações.

Desenvolver uma política de conduta da marca nas mídias sociais a que todos os colaboradores tenham acesso é essencial – o que a marca pode ou não fazer, o que os colaboradores (que representam a empresa) podem ou não fazer e, ainda, quem são os porta-vozes da empresa, que podem responder ou falar em nome dela nas redes. Como já vimos, muitas marcas tiveram problemas de reputação e imagem por conta de comentários indevidos de seus colaboradores nas mídias sociais. Para minimizar esse tipo de situação, é seguro ter essa política escrita e publicada e orientar todos os colaboradores sobre ela.

Todas essas coisas só funcionam com procedimentos bem desenhados e processos alinhados, mapeando todos os pontos da interação. Quando um cliente comentar um post ou enviar um direct, como vai funcionar? Quem vai receber e por onde? Qual sistema você vai usar para receber um alerta de interação e priorizar aquilo que é mais urgente? Quanto tempo cada área da empresa terá para resolver um problema vindo das mídias sociais? Tudo isso precisa estar escrito e alinhado com todos! Não importa se você é uma empresa grande ou pequena: se isso estiver desenhado, você não terá problemas quando o volume de interações crescer ou atingir um pico.

Mas lembre-se: a agilidade é fundamental, já que as mídias sociais exigem que essa interação seja quase instantânea. O cliente que reclama por esses canais, por exemplo, espera pouco tempo por uma resposta antes de fazer uma nova postagem ou partir para outra plataforma, como sites de reclamações ou o Procon.

Embora todas as empresas estejam passíveis de erros, o que piora a relação com o cliente é não responder ao problema apontado. Nesse ponto, o ambiente criado pelo ReclameAQUI para que as pessoas se manifestassem gerou uma nova forma de relacionamento entre empresas e clientes, uma vez que a conversa que antes ficava no privado se tornou aberta e trouxe à tona uma demanda represada de reclamações que não eram ouvidas.

Foi pensando nisso que, em um Dia do Consumidor, o ReclameAQUI preparou uma ação chamada Jantar da Vingança. Os diretores das empresas que não respondiam a seus clientes no site foram convidados para um jantar, na suposta inauguração de um restaurante, e acabaram provando do próprio veneno. Os diretores receberam pratos errados, com atraso, tiveram seus pedidos tirados inúmeras vezes e ouviram muitas justificativas insatisfatórias. No lugar da conta, a mensagem: "Você se sentiu desrespeitado?". Com ela, um dossiê com todas as reclamações já feitas da empresa da qual eram responsáveis pelo atendimento.

A verdade exposta ali foi a de que a marca precisa fazer o dever de casa e cuidar da própria imagem nas redes, atendendo aos pedidos e às reclamações dos clientes. Se não responde para ninguém, como pode desejar ter uma boa imagem e ser respeitada?

Por outro lado, há empresas que já entenderam que o consumidor tem o poder nas mãos e que não adianta ignorar uma mensagem nas redes sociais ou ainda catequizar o cliente a procurar sua central de atendimento quando ele fizer uma reclamação pública. Empoderado, o consumidor de hoje e pode escolher o melhor caminho para falar com a empresa, e isso precisa ser respeitado. Afinal, o cliente é a razão de o negócio existir.

A Amazon é uma dessas empresas. Antes mesmo de a marca começar a operar no Brasil – mais precisamente um ano e meio antes –, recebi uma mensagem no Linkedin de um colaborador da Amazon que, escrevendo de Seattle, queria entender como funcionava a plataforma do ReclameAQUI. Eles estavam preocupados com a tal "carinha roxa" que algumas empresas tinham como reputação.

A abordagem da mensagem que recebi foi a seguinte: "Não sei como funciona esse algoritmo, mas uma coisa é certa: a Amazon não quer ficar com essa carinha feia na avaliação dos clientes". Ou seja: muito antes da venda, eles já estavam preocupados com o pós-venda. E ninguém melhor que a Amazon para saber como as recomendações de clientes são importantes para continuar crescendo.

Engajar com coerência não é nada fácil. Dá trabalho organizar a casa e arrumá-la para receber os convidados. Só que, quando você se prepara para isso, os resultados certamente são muito mais sustentáveis e prósperos.

5

SÓ QUEM É CUIDADO SABE COMO CUIDAR

Cuide dos seus colaboradores e eles cuidarão dos seus clientes.

Março de 2020. O mundo decreta estado de pandemia em razão da alta taxa de contágio de um vírus desconhecido. Na maior parte das cidades, respeitando a quarentena estabelecida pelas autoridades, a população fica dentro de casa. Muitos estabelecimentos comerciais suspendem as atividades. Escolas fecham. Professores começam a lecionar através de plataformas de vídeo. Profissionais passam a fazer trabalho remoto, e as empresas fazem as adequações necessárias para que seus funcionários aprendam a atuar nessa nova realidade enquanto cuidam de seus filhos durante o isolamento.

O home office se torna uma realidade mundial e imediata, e as casas se transformam em escritório, sala de aula ou central de atendimento. Crianças interrompendo os pais nas reuniões de trabalho e aparecendo nas ligações de vídeo são uma cena comum. Todos parecem finalmente ser capazes de sentir empatia pelos colegas, reconhecendo que cada um tem sua família, sua individualidade e sua história pessoal. As empresas se veem obrigadas a flexibilizar o horário de trabalho, entendendo que a responsabilidade de criar os filhos deve ser compartilhada entre os responsáveis. Colocou-se em discussão a invisibilidade cotidiana das crianças, muitas vezes escanteadas pelos adultos, que, sobrecarregados com o trabalho, precisam deixá-las com alguém ou ocupá-las de alguma forma enquanto dão expediente.

Um novo mundo surgindo? Um sinal dos novos tempos tão anunciados, em que as pessoas são tratadas de forma mais humanizada? Tudo indicava que sim. Eu soube de casos de empresas que se preocuparam com a saúde mental de seus colaboradores nesse período, inclusive criando parcerias com serviços que pudessem trazer algum conforto emocional em meio a uma situação tão desafiadora.

Infelizmente, nem sempre é assim. Nem todas as empresas se deram conta de que é possível – e necessário – rever sua relação com os colaboradores. Numa situação como essa, em que a cooperação mútua se faz extremamente necessária, "casos isolados" mostram quem as marcas *são* de verdade – não o que dizem ser, mas o que pensam, o que fazem, como é sua cultura.

Durante a pandemia, uma professora de um colégio tradicional de São Paulo cujo marido trabalha fora de casa todos os dias informou sua coordenadora de que seu filho de um ano talvez aparecesse na frente da câmera durante as aulas virtuais, já que não tinha com quem deixá-lo durante o expediente.

Levando em conta o cenário inusitado, a postura mais sensata da coordenação seria dialogar e abrir uma exceção ou estudar outras possibilidades; no mínimo, um canal de comunicação entre a coordenadora e a professora deveria ter sido aberto.

Costumo dizer que o cuidado com o colaborador diz muito sobre a empresa. Nesse caso, tratando-se de uma escola, que oferece justamente educação e acolhimento aos alunos, era de esperar que a instituição fornecesse esse mesmo suporte ao seu quadro de funcionários. Para meu espanto, a resposta da coordenadora foi curta e grossa: "Assim como nas aulas presenciais, é de sua responsabilidade quem cuidará do seu filho". A direção da escola, no fim das contas, não admitiu a presença da criança na "sala de aula" on-line com os outros alunos, que também são crianças.

Por pior que possa parecer a postura dessa funcionária, esse é um reflexo do que acontece em muitas empresas no Brasil, que simplesmente ignoram que pais e mães precisam montar verdadeiras operações de logística para dar conta de filhos e trabalho – isso quando as mulheres não são demitidas logo que retornam da licença-maternidade.

Essa realidade é mais comum do que imaginamos: há mulheres que sofrem assédio moral no momento mais delicado de suas vidas, a ponto de se sentirem forçadas a pedir demissão. E a verdade é que ocorrem mais situações que passam do ponto do que de empatia por parte das empresas. No meu caso, quando voltei de licença-maternidade, vivi meu período profissional mais desafiador, com grandes responsabilidades, promoções e viagens. Conciliar tudo isso com um bebê não foi nada fácil.

Já ouvi relatos de líderes que não tinham nenhuma empatia por colaboradoras que voltavam da licença-maternidade. Cansei de ouvir mulheres contando que haviam negociado o horário de saída para buscar seus filhos na creche ou escola, mas os superiores não cumpriam o combinado, marcando reuniões que começavam no fim da tarde. Lilian, uma profissional da área de marketing, passou por uma situação parecida: quando estava indo embora para buscar o filho, seu chefe a chamou para participar de uma reunião na qual sua presença não era necessária. "Depois de duas horas consegui sair", disse. Quando chegou à porta da escola e viu o filho de nove anos sozinho com a professora (que esperou com ele até que ela chegasse), percebeu que tinha alguma coisa muito errada acontecendo. Ela estava sendo desrespeitada.

Você pode estar pensando: poxa, mas a empresa agora virou instituição de caridade? É claro que não. Você não precisa pegar seu colaborador no colo, mas precisa respeitá-lo e compreender suas necessidades.

Um amigo empresário uma vez me disse: "Gisele, minha diretora de operações se separou do marido. Ela é minha melhor colaboradora, mas, por conta dessa situação, não está mais se sentindo feliz no trabalho nem desempenhando bem suas atividades. Você acha que eu deveria abordar o tema?". Minha resposta: "Sem sombra de dúvida. Se algo afeta o bem-estar dela, impedindo que dê o melhor de si na empresa, é seu dever oferecer ajuda".

Às vezes essa ajuda não passa de uma simples conversa em que o empregador ouve e mostra que compreende as angústias do colaborador, oferecendo o tempo de que precisa para se restabelecer. E não tenha dúvida de que essa generosidade depois volta em dobro para a empresa.

Um grande case de acolhimento das necessidades de mães e pais acontecia na Unilever: a empresa criou um berçário para filhos de até

65

dois anos dos seus colaboradores e estabeleceu uma parceria com escolas locais para subsidiar parte da mensalidade até os cinco anos.

Nesse sentido, ainda é uma realidade o desafio das mães frente à maternidade e ao profissional. Logo que comecei a empreender, eu tinha uma funcionária que quis pedir demissão ao voltar da licença-maternidade por não ter com quem deixar seu bebê. Mesmo adorando o trabalho e sendo muito boa no que fazia, ela não estava segura com a escolinha e os pais moravam em outra cidade. Conversamos sobre o assunto e sugeri a ela que ficasse em home office até que se sentisse segura para voltar. O resultado: durante os dois anos seguintes ela trabalhou de casa, cuidando da bebê, e periodicamente participava das reuniões presenciais levando a filha. Foi uma experiência muito bem-sucedida.

Isso demonstra cuidado e respeito pelos colaboradores. Aliás, se você nunca parou para refletir sobre a diferença entre colaborador e funcionário, este é um bom momento: colaborador é aquele que colabora, que está engajado, ao passo que o funcionário apenas funciona, como se fizesse parte de uma máquina.

Cuidar das pessoas que estão ali para prestar um serviço para a empresa é um grande investimento, afinal esse cuidado reflete tanto na performance daquele colaborador quanto no lucro da empresa. E faço questão de frisar: uma coisa impacta diretamente na outra; a satisfação de quem trabalha num local que de fato se importa com quem está ali dentro pode transformar por completo o ambiente.

Certa vez o empresário Rodrigo Caseli, CEO do Grupo Avenida, uma empresa de moda fundada em Cuiabá, me disse numa live que fizemos, que uma das primeiras coisas que fez quando assumiu a gestão da empresa foi ver o que acontecia dentro das lojas. Ele contou que as coisas no escritório administrativo eram maravilhosas, mas para quem trabalhava nas lojas a realidade era outra: os armários dos funcionários estavam quebrados e em mau estado, e as pessoas faziam um rateio do próprio bolso para pagar pelo café da manhã coletivo. Rodrigo decidiu contratar uma pessoa para olhar para todas essas demandas, que iam desde uma cozinha adequada às necessidades dos colaboradores a banheiros mais confortáveis. Quando a mudança se concretizou, a

66

direção percebeu que o impacto nos números era animador: as vendas e a satisfação do cliente aumentaram.

Repito: colaborador feliz dá lucro. A verdade é que pessoas felizes produzem mais, então o nível de satisfação e de alegria dos colaboradores em relação à empresa reflete diretamente na performance de cada um.

À medida que Rodrigo me contava sobre essas mudanças na empresa, eu me lembrei de algo que minha mãe sempre dizia: o banheiro diz muito sobre o estabelecimento. Tenho o costume de sempre observar os banheiros dos lugares que visito, porque o jeito como esse local é cuidado diz muito sobre como a empresa cuida das pessoas. É nos detalhes que percebemos o que realmente importa.

Ainda na época do ReclameAQUI, quando conseguimos alugar um escritório na Berrini (um importante polo econômico localizado na zona sul de São Paulo) e nos instalar num espaço maior, eu logo disse aos demais sócios: "Faço questão de cuidar dos banheiros e de acompanhar a reforma". No feminino, fizemos espelhos com luzes de camarim, colocamos poltronas, adesivamos as portas das cabines com frases motivacionais e montamos kits para emergências. Você pode conhecer uma empresa pelos seus banheiros, não é mesmo?

Olhei para aquilo com todo o cuidado do mundo, porque, no fundo, seja você um líder ou um empreendedor, quando se preocupa com as pessoas é porque sabe como gostaria de ser tratado. E, felizmente, desde que comecei a trabalhar, aos quinze anos, como estagiária na recepção da Fundação Educar DPaschoal, tive a sorte de fazer parte de empresas que se preocupavam com o bem-estar de seus funcionários. Anos depois, já na condição de empreendedora, quis dar para os meus colaboradores o mesmo tratamento que havia recebido lá atrás, quando estava do outro lado.

Empresas que têm um *core business* de atendimento ao cliente, como é o caso dos call centers, só teriam a ganhar com isso: se os colaboradores se sentissem em casa, mais confortáveis, prestariam um atendimento melhor. Mas infelizmente o custo de ações como essas muitas vezes é impeditivo para essas companhias ou para quem as contrata.

67

Certa vez fui fazer um treinamento num contact center e vi diversos atendentes chegando do intervalo com garrafinhas de água. Muito curiosa, perguntei o motivo, e ouvi que a água do prédio não estava boa para consumo, então cada um comprava a sua. Como uma empresa de atendimento vai cuidar bem do cliente se não providencia o básico para aquele que está na linha de frente?

A realidade de quem se senta numa PA (Posição de Atendimento) em um Contact Center pode ser bem diferente do que se imagina. Em alguns deles há poucos treinamentos, dezenas de telas para serem consultadas para prestar atendimento ao cliente, monitoria de qualidade que restringe até quantas vezes deve-se pedir um momento ao cliente, o tempo de ligação que tem meta para ser o menor possível.

Cuidar do colaborador é fundamental, mas ir além é sempre um diferencial. Não me canso de repetir: qualquer prestação de serviço que lida com pessoas precisa começar dando o exemplo "em casa" daquilo que quer que os colaboradores pratiquem. "Cuidar de quem cuida" deveria ser uma filosofia mais valorizada dentro das empresas.

Ao mesmo tempo que fico surpresa com certos episódios chocantes, sei que ainda assim existem empresas e líderes preocupados com esses gestos de cuidado que fazem a diferença na vida dos colaboradores, gerando neles uma gratidão inestimável e uma postura proativa. Percebo cada vez mais que essa atitude gera um círculo virtuoso dentro de uma companhia, ajuda a sair da inércia, as pessoas se sentem mais valorizadas e confiantes.

Em 2010, a apresentadora Ana Maria Braga deu uma aula sobre como se deve acolher uma mãe após a licença-maternidade. Em seu programa, mostrou as medidas que tomou para humanizar seu escritório pessoal em São Paulo após o retorno de uma colaboradora que estava de licença. O gesto foi simples: com papel de parede, berço, trocador, um tapete de E.V.A. no chão e os itens de primeira necessidade de um bebê, uma sala que tinha sido do departamento financeiro foi readaptada para se tornar um berçário. Assim, aquela mãe, ao voltar ao trabalho, teria sua filha por perto para amamentá-la em livre demanda como era de sua vontade, fazendo pequenas pausas durante o expediente.

Quando comecei a trabalhar na unidade de consórcios da DPaschoal, fazer parte de um ambiente corporativo era uma novidade para mim e colegas da minha idade. A empresa tinha tanto carinho e cuidado com aqueles que estavam iniciando a vida profissional que nos recepcionava com cafés da manhã incríveis, dignos de hotel, tão fartos que muitas vezes não tínhamos nem vontade de almoçar!

Por falar em recepção, empresas que têm as pessoas no centro do negócio (clientes e colaboradores) se preocupam com o onboarding do colaborador – a integração dele à companhia –, e isso deve valer desde o momento da entrevista, quando muitas vezes o candidato fica ali esperando durante horas, até os feedbacks periódicos. É claro que essa prática é especialmente importante quando o colaborador começa a exercer suas tarefas – nada pior do que chegar perdido no primeiro dia de trabalho, como se tivesse caído de paraquedas –, mas o cuidado deve ser uma prática de gestão e um modelo de conduta adotado em todos os momentos.

Posso dizer que fui abençoada por ter tido um líder em quem até hoje penso com carinho. O Juarez era alguém com quem eu podia efetivamente contar para tudo: como eu morava em Campinas e trabalhava em São Paulo, ele me perguntava todos os dias se meu carro estava em ordem, me ajudava a pensar em estratégias para me mudar para a capital, me servia cafezinho (mesmo sendo o presidente da empresa!) e se preocupava com meu bem-estar. Ele era do tipo que não economizava esforços para se certificar de que sua equipe estava bem amparada. Às vezes, quando algum colaborador que estava em outra cidade precisava de assistência, ele pegava um avião e ia pessoalmente visitar aquela pessoa – e isso aconteceu em diversas ocasiões. Certa vez ele fez questão de viajar para visitar um colaborador que estava hospitalizado em Campo Grande. Um líder humano, ao qual serei grata por toda a minha vida.

Gestos como esses não demonstram apenas cuidado, mas líderes focados em pessoas. E essas companhias, que *abraçam*, certamente vão gerar encantamento.

É claro que nem todas as empresas nascem assim, mas tudo pode ser mudado, construído, reconstruído. Quando fui líder da central de atendimento, recebi o desafio enorme de deixar a operação de pé e melhorar seus indicadores. No entanto, cometi um grande erro: comecei a olhar mais para os números e menos para as pessoas. Até que uma pesquisa de clima organizacional me salvou. Recebi um feedback negativo que descreveu como eu me portava muitas vezes, e aquilo foi tão impactante que mudou minha vida e minha forma de olhar pessoas. Aprendi que não podia nunca abrir mão desse olhar humano e me tornei uma líder muito melhor.

Anos depois, já habituada a cuidar de grandes equipes, me deparei com um cenário curioso: uma colaboradora chegava tão mal-humorada todos os dias que era comum que só nós dirigíssemos a ela depois do almoço (ai de quem resolvesse dar bom-dia!). Chegava a ser cômico. Então, convidei-a para conversar e entendi o que estava acontecendo: como ela morava do outro lado da cidade, acordava cedo demais e pegava três conduções até o trabalho. Quando enfim chegava à empresa, já estava extremamente cansada e estressada.

Sugeri que pensássemos juntas numa estratégia para resolver aquilo. Uma das opções era ajudá-la a se mudar para perto ou então pagar um fretado para ela. Como morava com os pais e não queria deixá-los, optou pelo fretado. Com isso, foi possível amenizar um pouco a situação: ela se sentiu acolhida em sua dificuldade, e seu rendimento e seu humor melhoraram muito.

Olhar para cada caso isolado e entender o que pode ser feito para ajudar aquele colaborador parece simples, meio óbvio até, mas nem sempre acontece. Eu me lembro da história de uma empresa que deu um jantar de gala para os vendedores como estratégia para encantá-los, e no meio do jantar eles começaram a se organizar para ir comer um cachorro-quente. Ou seja: de nada adianta fazer algo que não está relacionado à necessidade real daquela equipe.

Ao mesmo tempo, já visitei empresas que não entenderam a diferença entre acolhimento e aprisionamento. Na tentativa de manter seus colaboradores "se sentindo em casa", elas acabam exagerando e mantendo-os pelo maior tempo possível dentro do local de trabalho. Uma empresa de tecnologia que visitei certa vez tinha esse perfil: oferecia café da manhã, almoço e estava se organizando para servir o jantar. Detalhe: não estamos falando de equipes que se revezam em turnos. A única coisa que eu me perguntava enquanto eles mostravam tudo aquilo era "quando estas pessoas vão para casa?".

Na hora de cuidar das pessoas que trabalham no seu time, é preciso observar todos esses detalhes, sem negligenciar suas necessidades ou errar a dose focando naquilo que não é necessário.

A pandemia trouxe muitas reflexões sobre o bem-estar do colaborador: hábitos foram perdidos e outros foram achados, e isso gerou várias mudanças provocadas pelo trabalho em home office. Uma coisa da qual quero que você tenha clareza: não é possível ter clientes felizes sem ter colaboradores felizes. Para isso, você precisar se preocupar se a cadeira em que eles sentam é confortável, como está a saúde mental deles, se está havendo algum excesso de trabalho, assim como engajá-los por um propósito maior, dando clareza de objetivos, ajudando-os a realizar seus sonhos como profissionais e, principalmente, dando espaço para que eles possam contribuir e realizar, reconhecendo-os por isso.

No fundo, todo mundo sabe como cuidar do outro. Só é preciso exercitar essa empatia entendendo que ao seu lado, acima de um profissional qualificado, está um ser humano. Como já disse Carl Jung, "conheça todas as teorias, domine todas as técnicas, mas, ao tocar uma alma humana, seja apenas outra alma humana".

6

O QUE A CULTURA DA SUA EMPRESA DIZ SOBRE VOCÊ?

A cultura come a estratégia no café da manhã.
PETER DRUCKER

Segundo o dicionário Houaiss, cultura é um "conjunto de padrões de comportamento, crenças, conhecimentos, costumes etc. que distinguem um grupo social". Já para a sociologia, cultura é tudo aquilo que resulta da criação humana. Conceito amplo o bastante para abarcar as tradições e os costumes de determinado grupo, uma cultura é traduzida por símbolos, rituais, rotinas e crenças praticadas diariamente.

No universo corporativo, cultura é o jeito de ser da empresa, pautado naquilo em que ela acredita. E, para que a cultura empresarial seja voltada ao cliente, a companhia precisa sempre exercê-la "de cima para baixo" e "de dentro para fora". O que isso quer dizer? Explico: a cultura nasce com a fundação da empresa, levando em conta os valores e os princípios de seu fundador ou CEO, e vai sendo construída dia após dia pelos colaboradores, se solidificando. Mas só é possível levá-la para todos os níveis da instituição se a alta liderança de fato se tornar a guardiã dela, assumindo a responsabilidade de disseminá-la aos demais líderes, e estes, a seus colaboradores. Para isso, não basta *falar* da cultura: é necessário se pautar por ela, pela missão e pelo propósito que estão lá pendurados na parede da empresa, porque os colaboradores de hoje não seguem ordens, e sim exemplos e atitudes.

Também por esse motivo, não adianta contratar alguém para mudar a cultura e acreditar que tudo vai se transformar num passe de mágica. Se ela não for mapeada logo no início, é pouco provável que essas tentativas não sejam bem-sucedidas. Já ouviu dizer que "uma única andorinha não faz verão"? Para uma cultura sair do papel e conseguir apoio, ela precisa estar alinhada com os valores dos principais líderes da empresa.

Quando uma companhia procura ajuda da nossa empresa, o Instituto Cliente Feliz – start-up que fundei e aplica soluções para melhorar a experiência do cliente –, para fazer sua transformação cultural, a primeira pergunta que faço é: o CEO está engajado de forma atuante com essa mudança ou se trata de uma iniciativa isolada de uma área? E qual é a missão, propósito, valores, que norteiam a empresa, porque aí está a espinha dorsal da companhia.

Certa vez, uma pessoa me procurou dizendo que tinha sido contratada para "fazer rodar" a parte do atendimento da companhia – ou seja, para criar uma cultura de atendimento focada no cliente. O desafio era fazer isso dentro de uma empresa que inicialmente não tinha essa cultura. Essa colaboradora se sentia isolada em todas as suas ideias. Quando me procurou, quis saber qual era a melhor maneira de tirar seu projeto do papel ali dentro, mesmo que parecesse que lutava sozinha para isso.

A primeira pergunta que fiz foi se ela tinha algum "patrocinador" ali dentro, alguém hierarquicamente superior que a apoiasse naquela empreitada. Ela soltou os ombros, numa expressão de cansaço. Disse que, toda vez que tentava marcar uma conversa a respeito daquele assunto com o CEO da empresa, ele cancelava a reunião de última hora. Sem priorizar a relação com os clientes, ia ignorando o assunto e as reivindicações dela. Sempre tinha algo mais importante para tratar – e essa importância nunca estava voltada ao atendimento ao cliente.

"Não dá para ficar numa empresa que não está preparada para ter você cuidando dos clientes", foi o que eu disse a ela, que respirou fundo e passou mais alguns meses tentando criar aquela cultura a duras penas. Como seu esforço pessoal não seria suficiente para mudar toda uma operação que ia na direção contrária de seus argumentos, decidiu abandonar o projeto e empreender sozinha. É, cultura arraigada é difícil de mudar.

Quando a empresa é pautada pela cultura de atender bem o cliente, todas as suas práticas terão como objetivo observar se essa premissa está sendo atendida. E, uma vez que esse conjunto de normas estiver enraizado de verdade, sendo vivido diariamente pelos colaboradores, sua execução se tornará automática. Ninguém precisa dizer que uma empresa está voltada para o cliente se ela tem essa conduta arraigada em seus processos. Fazendo uma analogia, é como se você visitasse um país cuja cultura é tão forte e única que as imagens, os gestos e as atitudes se comunicam por si sós.

Durante muitos anos, as empresas foram orientadas a pensar em vendas ou em produtos. Grandes montadoras e fabricantes de eletrodomésticos estavam preocupados em fazer produtos que vendessem bem, se concentrando apenas na qualidade, sem pensar nos anseios do cliente. A premissa, na época, era atender a essas exigências de qualidade, mas com o passar do tempo essas companhias entenderam que fazer o melhor carro ou a melhor geladeira não bastava. Era necessário se conectar com o cliente final, proporcionando a ele uma experiência especial. Como indicou uma pesquisa realizada pela Salesforce em 2018 com consumidores de quinze países (incluindo o Brasil), 80% dos clientes consideram a experiência oferecida pela marca tão importante quanto o produto em si – entre os brasileiros, o número é ainda maior: 89%. Além disso, verificou-se que 57% dos entrevistados deixariam de consumir os produtos ou serviços de determinada empresa caso o concorrente proporcionasse uma experiência melhor; para 94% deles, ser tratado como uma pessoa e não como um número é determinante nessa escolha. O interessante é que se trata de um comportamento global, já que a pesquisa foi feita com 6.700 consumidores ao redor do mundo.

Para muitas empresas, essa ficha felizmente já caiu. A tendência, então, tem sido buscar formas de estar mais perto do cliente, migrando aos poucos de uma cultura orientada ao produto para uma voltada também ao cliente final. Sim, você não leu errado: é possível, sim, mudar a cultura empresarial, mas o ponto-chave da questão é que isso deve ser feito *lentamente* – quase como mudar a rota de um transatlântico carregado em alto-mar, com movimentos leves, contínuos e consistentes. Querer mudar de uma hora para outra, na força bruta, pode causar um desastre. Porém, se a marca não começar a mudar a direção, nunca sairá do lugar.

Boa parte das empresas que surgiram neste momento de transformação da sociedade – como as fintechs e outras companhias digitais – já nasceram com a premissa, em seu DNA, de gerar uma boa experiência para o usuário final, e seu desafio é manter seu conjunto de princípios à medida que crescem. Ao mesmo tempo, algumas multinacionais tradicionais do mercado também se preocupam em manter a satisfação do consumidor final em primeiro lugar dentro da cultura organizacional. Mas por que essas multinacionais parecem estar anos-luz à frente das empresas brasileiras nesse quesito? Não posso dizer que seja um padrão, mas, quando você resgata a história – muitas vezes centenária –, tudo começou com um fundador que tinha como foco servir ao cliente, e essa cultura enraizada continuou sendo transmitida até hoje. Pode perceber: empresas com a cultura da sustentabilidade geralmente nasceram de líderes engajados e preocupados com a natureza.

Caso a sua empresa, como muitas outras, esteja interessada em fazer essa mudança, aqui vai uma sugestão: defina um novo direcionamento estratégico que se resuma a uma frase, ou então revise a missão da companhia e veja se ela está efetivamente colocando o cliente em primeiro lugar. Se não estiver, é o momento de, com o apoio do RH, reunir a liderança e readequar essa missão. Uma dica: empresas que são orientadas a pensar no cliente têm em sua missão a palavrinha "cliente" ou algo similar. Quer um exemplo mundialmente conhecido? A missão da Disney é "fazer as pessoas felizes" – e isso vale tanto para os colaboradores como para os clientes.

Na minha trajetória pessoal, já participei da criação da missão de uma empresa em que trabalhava, a Embracon. E essa construção foi coletiva: todos o corpo executivo da empresa ficou um final de semana inteiro trancado num hotel construindo toda a base da missão até chegar a duas palavrinhas mágicas: "Gerar encantamento". Como essas pessoas tiveram participação ativa para definir a missão, assumiram aquilo para si e se sentiram na responsabilidade de ser guardiões dela e disseminar para o restante da empresa.

Não é à toa que, quando um cliente reclamava de algo que não tinha ficado muito claro numa venda, imediatamente a entrada do pedido era pausada até que o vendedor e o gerente se realinhassem com o cliente. Em todos os processos e procedimentos, passou a reinar a premissa de cliente em primeiro lugar. Mesmo que isso pudesse gerar um prejuízo a curto prazo, a longo prazo a empresa estava cumprindo sua missão e conquistando a confiança dos consumidores. Lindo de ver. A Embracon foi uma verdadeira escola de gestão e liderança para mim.

Muitas pessoas têm dúvidas sobre o momento ideal para estruturar a missão e a cultura centradas no cliente. Claro que nunca é tarde para adotar um posicionamento estratégico nesse sentido, mas, como já vimos, no melhor dos mundos isso deveria ser feito no momento em que você começa a planejar a abertura do negócio. Antes mesmo de desenhar seu MVP (*minimum viable product*, ou produto viável mínimo), você deve tirar um dia, uma tarde ou o tempo que for necessário para chegar à verdadeira missão da sua empresa, aos valores que devem permeá-la e ao seu propósito real. Quando você faz isso no início, o restante fica muito mais fácil, porque as bases estão bem claras. Você corre menos risco de pivotar seu negócio para um lado que não tem nada a ver com o seu propósito, pois é ele que garante que você vai se manter no caminho certo.

Foi isso que fiz quando decidi fundar o Instituto Cliente Feliz. Fui para uma imersão e, depois de dois dias trabalhando o que seria efetivamente meu propósito e minha missão com o instituto, saí de lá com clareza do caminho que deveria seguir: "Ajudar empresas a prosperar através das relações humanas", com base no mote "cliente feliz dá lucro". Com isso definido, parece que todo o caminho do que eu deveria ser e fazer se abriu na minha frente. E hoje estou aqui, realizando um sonho, conversando com você, leitor, através deste livro.

Você entende que a missão de uma empresa, que é um organismo vivo, com poder de mudança, não pode ser apenas ganhar dinheiro? A prosperidade sustentável não está só no quanto você vende, mas no quanto você entrega de valor para as pessoas que trabalham com você e para seus clientes. Eu acredito muito no equilíbrio das coisas, sabe? Por outro lado, existem empresas que no começo têm um foco tão grande em ajudar pessoas que não conseguem monetizar. Mas não há pecado nenhum em ganhar dinheiro com propósito, de maneira justa e idônea.

Eu me lembro de receber olhares incrédulos quando abracei a causa do ReclameAQUI e passei a falar em gerar receita e desenvolver produtos. Como a empresa tinha uma responsabilidade social muito forte, para alguns soava estranho ganhar dinheiro com uma plataforma que fazia bem para as pessoas. O que vemos, hoje, é que os negócios sociais têm crescido muito no mundo.

Tendo (ou sendo) um patrocinador, você precisará engajar suas lideranças e seus colaboradores na causa de colocar os clientes no centro. Para fazer o aculturamento desse pessoal, você precisará atuar em diversas frentes, como estas a seguir:

1. **Priorizar o cliente** em todas as frentes na empresa. Para isso, toda a liderança deve aceitar o desafio de ter o cliente como a prioridade número um e agir de forma congruente com isso nas decisões diárias, incluindo iniciativas para melhorar a experiência do cliente no planejamento estratégico e descendo isso para as áreas através de metas.

2. **Organizar eventos gerais** nos quais o CEO coloca a visão e a importância do foco no cliente.

3. **Agendar reuniões semanais** dos líderes com suas equipes para falar do novo posicionamento estratégico.

4. **Criar a ação "Dia do Atendimento",** na qual os líderes da empresa – incluindo o CEO – passam uma ou duas horas atendendo aos clientes.

5. **Estabelecer ações de reconhecimento de colaboradores** ou equipes que demonstrarem boas iniciativas em prol do encantamento e da satisfação do cliente. É muito importante que essas ações de reconhecimento sejam públicas, para reforçar que devem ser reproduzidas pelos demais.

6. **Estimular a criação de um grupo** que se dedique exclusivamente a elaborar e executar ações e atividades rotineiras para fixar cada vez mais o novo posicionamento por toda a companhia, assumindo o papel de Comitê de Clientes.

7. **Medir e coletar feedbacks dos clientes** para ouvir a voz do cliente e entender o que a empresa pode melhorar pela ótica do cliente. Mais que olhar apenas os insatisfeitos e detratores é fazer das sugestões do cliente o caminho para a inovação e desenvolvimento de novos recursos e produtos que vão agradar o cliente.

O aculturamento implica um passo maior, no sentido de tomar atitudes definitivas alinhadas com o novo posicionamento. Nessa etapa, é preciso rever o planejamento estratégico e as metas da empresa, visando aos novos projetos. Na reavaliação, os líderes devem se fazer as seguintes perguntas: "Como faço para gerar valor para o cliente em cada uma dessas ações? Haverá algum impacto negativo para o cliente?".

Se a empresa consegue virar a chave e ter uma mentalidade de impactar positivamente o cliente e gerar valor por meio de suas ações, bingo! Mas isso precisa ser feito de forma genuína, seguindo o já citado planejamento estratégico, observando o cliente acima de tudo. Agora, um toque importante: é muito comum que de tempos em tempos as empresas revejam seus custos e tenham de fazer ajustes no seu planejamento. Às vezes isso acontece sem aviso, como durante a crise sanitária de 2020, que fez todo o planejamento das empresas ir por água abaixo. Ainda assim, quando precisar reduzir custos, não corte aquilo que seu cliente vê ou que gera valor direto para ele. Essa é uma economia que pode custar caro depois.

Além dessas situações de imprevisto, que podem comprometer o planejamento estratégico, acredito que outro grande desafio hoje seja fazer sua cultura ser disseminada a seus colaboradores conforme a empresa cresce. Vivi isso na pele no momento em que fui empreender. No ReclameAQUI por exemplo, quando tudo começou, no "escritório" no Fran's Café, a comunicação era ótima: éramos primeiro dois, depois éramos três, e logo fomos crescendo. Enquanto a equipe era pequena, a cultura da empresa estava na veia, no pensamento, nas atitudes, no coração. Mas, conforme a empresa foi crescendo, o sinal de alerta soou quando chegamos ao ponto de não saber o nome da pessoa que encontrávamos no corredor. Tivemos de dar dois passos para trás e rever todo o processo de contratação, onboarding dos novos colaboradores e atualização dos veteranos na época.

Para o novo colaborador, a cultura é aquilo que o abraça quando começa a trabalhar na empresa. O jeito como ele é acolhido determina o jeito como ele acolherá, por isso desde quando liderava os times de ReclameAQUI e depois com minha start-up Instituto Cliente Feliz, fiz questão de participar, ao lado do meu time, da estruturação do processo de chegada das pessoas que iriam trabalhar comigo. Os cuidados se iniciam já na seleção (fundamental para checar se o colaborador tem match com a cultura da empresa) e continuam até o primeiro grande dia. Entregamos um kit de boas-vindas, e uma pessoa do meu time fica encarregada de ciceronear os recém-chegados, apresentando a empresa, os outros colaboradores e a dinâmica do dia a dia. No primeiro dia de trabalho é fundamental ter uma conversa com o líder principal, para apresentar os mandamentos e um banho de loja cultura. E posso dizer que sou uma pessoa que se cobra muito sobre dar o exemplo, porque acredito que os outros aprendem muito mais com as atitudes do que com o que é dito. Cultura é o que você faz, não apenas o que você fala, não é mesmo?

Certa vez fui convidada por uma empresa para falar sobre reputação numa convenção para oitocentos franqueados. Embora tenha sido um dia muito corrido, consegui chegar com antecedência para a palestra, mas meu horário foi consumido pela agência de publicidade que estava apresentando as campanhas de vendas da empresa. O pessoal da organização me disse: "Gisele, você terá no máximo dez minutos para a sua apresentação, porque nosso tempo está estourado". Respondi que achava uma pena, mas que tentaria resumir a mensagem no tempo estipulado. Subi ao palco, pedi desculpas pelo tempo reduzido e comecei a falar. Porém, no meio da minha fala, para minha surpresa, o presidente da companhia pediu a palavra. Subiu até onde eu estava, pegou o microfone e disse: "Pessoal, essa é a mensagem mais importante desta convenção. Eu pagaria quanto fosse necessário para ouvi-la falar do tema que é a razão de ser da nossa empresa: O CLIENTE. Quando você atende bem, tem clientes para sempre". E concluiu: "Você tem o tempo de que precisar para a sua fala. Estamos aqui para te ouvir".

Esse episódio é fundamental para exemplificar a importância da liderança na construção de uma cultura orientada ao cliente.

Outra empresa que tem um bom desempenho nesse sentido é a Toyota. A marca é muito atenta à realidade de que o cliente não quer só o produto, mas a experiência completa, então presta aos mínimos detalhes do pós-venda, das revisões e da assistência. Na mesma linha, uma empresa que tem feito algo interessante é a GM – CHEVROLET, tem investido pesado no treinamento da sua rede de concessionários para garantir que lá na ponta o cliente seja bem atendido. Se não for, pode dar seu feedback através de um totem para avaliação do atendimento disponível nas concessionárias. A informação chega no mesmo instante para a fábrica, que já faz contato imediato com o gerente da loja para resolver o problema.

Cuidar para que o cliente seja bem acolhido na ponta parece óbvio, mas muitas empresas ignoram esse princípio. Ou você nunca entrou um supermercado que oferece todas as degustações e experiências possíveis, mas quando chega ao caixa acaba se arrependendo da compra devido ao tratamento do atendente? Quantas vezes você já desistiu de comprar algo no supermercado porque tinha apenas dois itens na mão e a fila estava gigante? Esses são exemplos de processos que devem ser revisitados e priorizados o tempo todo se a empresa estiver realmente empenhada em oferecer o melhor ao cliente.

Não dá para descuidar do cliente enquanto ele está vivenciando a experiência de consumo. E é impossível um supermercado manter um cliente fiel apenas com propaganda se, quando ele frequenta o local, é maltratado pelos atendentes do caixa. Sabia que o cliente compara o discurso da propaganda de TV com o humor e a gentileza dos caixas?

É complexo, eu sei. Cultura dá trabalho, mas é algo de que você precisa falar todos os dias. Mais que isso: precisa *respirar* todos os dias, porque esse é um assunto que se dissipa muito facilmente conforme novas pessoas vão chegando e a empresa vai crescendo.

A Zappos, uma loja virtual norte-americana que vende sapatos e roupas, já nasceu com a cultura voltada ao cliente, e não é à toa que se tornou um dos maiores cases do mundo nesse aspecto. Para você ter uma ideia, se o consumidor comprar um sapato deles e depois de um ano decidir que não gostou do produto, pode devolver. ("Mas e os clientes de má-fé?" Segura essa pergunta. Vamos ter um capítulo só para falar sobre a confiança no cliente.)

Como a Zappos confia nos seus clientes, ela estrutura seus processos considerando a boa-fé das pessoas, e não a má-fé. O mais incrível de tudo é que os atendentes têm total autonomia para criar estratégias que agradem aos consumidores. É esse tipo de coisa que faz a Zappos ser referência.

No livro que o fundador da empresa, Tony Hsieh, escreveu sobre a cultura organizacional, há um manual para aplicá-la, visando à satisfação plena do consumidor. Na publicação, ele já salientava: "A longo prazo, queremos que as pessoas associem a Zappos a um bom atendimento/serviço, e não a sapatos. [...] Temos um ditado: somos uma *em-*

presa de serviços que calhou de vender sapatos. E roupas. E bolsas. E acessórios. E praticamente tudo e qualquer coisa".

Veja que legais os mandamentos da Zappos:

1. Entregue um serviço "uau"!
2. Adote e incentive a mudança.
3. Permita-se ter diversão e um pouco de esquisitice.
4. Seja aventureiro, criativo e mente aberta.
5. Busque crescimento e conhecimento.
6. Desenvolva relacionamentos abertos e honestos.
7. Construa um time positivo e com espírito de família.
8. Faça mais com menos.
9. Seja apaixonado e determinado.
10. Tenha humildade.

Entende a diferença? Orientar o processo para a experiência do cliente é algo que torna a marca única.

Mais um detalhe: a Zappos foi adquirida pela Amazon em 2010 numa transação bilionária. A nova gestão poderia ter unificado a cultura das duas empresas, mas fez questão de manter os antigos valores, de tão "redondos" que eram.

Só que nem sempre isso acontece. Já vi casos de empresários que, ao adquirirem estabelecimentos comerciais, "herdaram" colaboradores que já estavam contaminados com uma cultura negativa. Nesse caso, ou você tira as ervas daninhas ou coloca seu negócio a perder. É preciso ver com clareza a cultura herdada; se ela não for de acolhimento, não adianta. Se os colaboradores não estiverem 100% alinhados com você, o resultado pode ser catastrófico.

Infelizmente, nem sempre o dono do estabelecimento consegue enxergar o que afasta os clientes. Foi o que aconteceu numa padaria perto da minha casa. Ela estava sempre vazia, enquanto a do outro lado da rua sempre tinha movimento. Entrei nela uma vez para tentar entender o porquê, e logo que me sentei experimentei um desconforto. Era um lugar sério, sem aquele clima de padaria. Não era um ambiente acolhedor, nem no serviço, nem nas interações. Em contrapartida, na concorrência, logo que entrávamos éramos recebidos com um sorriso do rapaz do balcão. O clima era outro: barulho de xícaras, pessoas conversando animadas, clientes tomando café e sendo atendidos pelo nome, sem muitas cerimônias.

A padaria que vivia sem movimento fechou. Mas como dizer para o dono que faltava calor humano? Como mensurar a satisfação no atendimento quando ele é apenas frio e sem vida? Aí entra a questão da pesquisa de satisfação. Às vezes o proprietário do estabelecimento não está lá o tempo todo, e nesses casos pode usar a bela estratégia do cliente oculto, da qual falaremos melhor no capítulo seguinte.

Não existe receita de bolo de micro-ondas, que fica pronto em dois minutos, para implantar uma cultura orientada para o cliente. E, embora seja uma construção longa, é preciso dar o primeiro passo.

Pouco importa se você não é o CEO nem o líder de uma empresa. Comece a plantar uma sementinha dentro do seu departamento, depois estenda isso para outras áreas e então sugira para a presidência. Sou uma prova de que isso é possível. Mas, como qualquer outra coisa, você precisa se organizar e criar um plano consistente para abordar na empresa o aculturamento voltado para o cliente. Conquistando apoiadores e patrocinadores, poderá, sim, mudar o curso de uma companhia inteira. Não é lindo isso?

Se você for um empreendedor ou liderar uma empresa ou um time, saiba que a chave da mudança está nas suas mãos. E então, o que você prefere? Ter clientes encantados para sempre ou apenas satisfeitos com sua marca, que não falam nem bem nem mal? Quando você concentra sua energia em movimentar a empresa em busca do encantamento do cliente, os resultados são extraordinários.

Tenha pressa em fazer as pessoas felizes.

Quer saber o quanto sua empresa tem uma cultura centrada no cliente? Disponibilizamos um checklist para autoavaliação no QR Code abaixo:

7

ESFORÇO DO CLIENTE *VERSUS* LEALDADE

Economize o meu tempo e eu te amarei.

Todo mundo já deve ter tido a impressão de que o Serviço de Atendimento ao Consumidor é composto de uma turma treinada para enlouquecer as pessoas. E eu aposto que você tem um caso como este para contar: comprou algo que deu problema ou não funcionou e de repente se viu obrigado a ligar para aquele número que diz que vai resolver os seus problemas.

Só que, na verdade, dependendo da empresa, esse é o momento em que problemas ainda maiores podem acontecer.

Você nem está tão nervoso assim. Só quer resolver aquilo logo, mas a espera longa e a música irritante (que eles juram que é para acalmar) parecem conspirar contra a sua meditação diária, que quase faz de você um Buda. Quando finalmente ouve uma voz e espera ser atendido, descobre que precisa digitar seu CPF. Então a chamada é redirecionada e você recebe um número de protocolo. Aí, pode ser que você ouça sete opções diferentes e precise escolher uma delas.

Depois de ouvir todas diversas vezes – e nem sempre encontrar seu problema listado entre elas –, você aguarda na linha e percebe que o cansaço está se tornando maior. Afinal, quem poderia prever que você enfrentaria uma maratona tão grande para ser atendido por uma pessoa humana que pudesse simplesmente ouvi-lo?

Mas o pesadelo só está começando. A atendente faz pausas demais ao falar e faz perguntas que não ajudam a diagnosticar a fonte do seu problema. Que diferença faz se adquiriu o produto na loja ou pela internet? Você só quer falar que aquilo não funciona!

Seu tom de voz começa a mudar. A meditação parece não estar ajudando muito. Quando chega a esse ponto, sempre me lembro de um

85

vídeo antigo que viralizou em 2010 de um quadro do programa *Muvuca*, apresentado pela Regina Casé. Numa simulação de ligação para o SAC, a atriz que interpreta a atendente parece de fato ter recebido um treinamento de exército para enlouquecer quem está do outro lado da linha. "A loucura é uma coisa muito parecida com o cansaço", ela diz, enquanto pede que o reclamante, exausto de esperar, repita várias vezes o mesmo problema. Qualquer pessoa que já quis reclamar de algum serviço no Brasil se identifica com os passos que a funcionária enumera para conseguir tirar o cliente do sério: transferir a ligação diversas vezes para outros atendentes, para estimular a falta de vínculo afetivo no contato; aplicar a técnica da "numerologia", que consiste em pedir os números da nota fiscal e repeti-los em ordem trocada; repetir diversas vezes frases como "senhor, eu estou apenas cumprindo ordens da empresa".

"Quando eles ficam educados de novo é porque estão a um passo da loucura", ela brinca. E, de fato, depois de uma sequência de xingamentos, o cliente respira, fala pausadamente e ela o coloca mais uma vez na espera.

Brincadeiras à parte, por mais que o atendimento ao consumidor no geral tenha evoluído, a situação de passar nervoso nessas ligações é tão comum que esse vídeo se tornou – vinte anos depois de ter ido ao ar pela primeira vez – o hit dos meus treinamentos: embora pareça bizarro, reflete a sensação exata de qualquer um que já esteve do lado de cá da linha.

E isso não acontece só por aqui, no Brasil. Em 2010, um grupo norte-americano fez uma pesquisa, publicada na *Harvard Business Review*, com 8 mil consumidores a fim de entender o que leva um cliente a voltar ou não a comprar depois de um atendimento. Os pesquisadores descobriram que, entre os clientes com problemas que demandaram baixo esforço na resolução, 94% disseram que voltariam a comprar da empresa. Ou seja: quanto menor o esforço do cliente para ter sua reclamação atendida, maior a chance de efetuar a recompra, e vice-versa. O nome disso? Índice de esforço do cliente.

Já apliquei informalmente esse estudo a centenas de empresas que atendi no Brasil e constatei que o esforço – em linhas gerais, quanto o cliente despende tempo e energia para resolver um problema, fazer uma compra ou obter alguma informação – é uma ferramenta poderosa de fidelização.

Certa vez, uma cliente se hospedou em um hotel e logo que entrou no quarto constatou que o ar-condicionado não estava funcionando. Não haveria nenhum problema sério nisso se não estivesse fazendo 38 graus do lado de fora. Em vista disso, telefonou para a recepção, que além de trocá-la de quarto imediatamente, providenciou alguns agrados para compensá-la pela inconveniência: colocaram-na em um quarto maior, com vista superior, varanda e hidromassagem. Tudo pelo mesmo preço. Além da troca, ela recebeu uma ligação do gerente do hotel perguntando se a acomodação estava confortável e pedindo desculpas pelo incômodo.

Claro que, em segredo, ela até agradeceu pelo incômodo. "Santo ar-condicionado quebrado", brincou. No fim das contas, sempre que alguém viaja para Salvador, a mulher indica esse hotel, dizendo como foi bem atendida por lá.

Agora imagine como seria se ela tivesse tido dificuldade para falar com a recepção. Suando com as janelas abertas no quarto – um verdadeiro forno –, a cliente se arrependeria da viagem e da escolha do hotel. Quando enfim fosse ouvida, talvez dissessem que um técnico viria em algumas horas para solucionar o problema. Imagine só se ela precisasse ficar no quarto esperando pelo conserto e o técnico resolvesse aparecer justo na hora em que ela quisesse ir para a praia. E se, depois de algum tempo, aquele ar-condicionado ainda não estivesse funcionando adequadamente. E que tal se, após a segunda reclamação, a recepcionista dissesse algo como "o técnico já esteve aí, senhora, e nos certificou de que o ar-condicionado está funcionando normalmente"?

O problema é o mesmo, mas as formas de lidar com ele são opostas. Como muitas vezes não podemos evitar que alguns erros aconteçam, ao menos deveríamos estar atentos para o impacto que causam em nossos clientes. O grande desafio é: como reverter a insatisfação e resolver o problema com uma solução que faça ainda mais sentido e se sobreponha à reclamação?

Antes de abordar as possíveis soluções, é preciso refletir sobre o esforço: qual o esforço que o cliente precisa fazer para acessar você, seja para comprar, seja para receber um atendimento qualquer? É muito comum acharmos que só porque os processos estão caminhando eles estão funcionando da melhor maneira. Mas será mesmo? Só é possível ter certeza medindo e fazendo o caminho que o cliente faz.

Grave isto: o esforço do cliente tem relação direta com o tempo que ele gasta com a empresa. Hoje, o tempo definitivamente está entre os bens mais valiosos das pessoas. Cada vez mais as 24 horas diárias que todos nós possuímos parecem insuficientes, nos levando sempre a tentar otimizar o que for possível para gastar o tempo com o que realmente importa e gera prazer e felicidade. E pode ter certeza: ligar para uma empresa para resolver um problema não está na lista de coisas legais para fazer com o tempo de ninguém.

Portanto, lembre-se disto: reduzir o tempo que os clientes gastam com o seu negócio é um dos ingredientes para vê-los felizes. Respeitar o tempo dele é de uma grandeza incrível. É, acima de tudo, um sinal de respeito.

Voltando à história do hotel, a situação é bem simples: a cliente foi atendida e teve seu problema resolvido, mas, se não tivesse, teria esperado o técnico no quarto e perderia um dia de praia. Mas quantos casos conhecemos de pessoas que perdem seu tempo plantadas numa ligação telefônica tentando resolver um problema? Ou que ficam o dia todo esperando um técnico chegar para fazer um conserto?

Agora, quando falo de respeitar o tempo do cliente e reduzi-lo, não me refiro só ao pós-venda, mas a todo o processo da compra. Uma pergunta: já desistiu de comprar algo porque a fila estava muito grande ou havia muita espera para ser atendido? Eu tenho certeza que sim.

O interessante é que muitas vezes preferimos pagar mais caro em outro lugar a perder tempo aguardando para ser atendido. Não é assim que funciona?

O esforço do cliente é algo que precisa ser enxergado de ponta a ponta – do contato de alguém interessado em comprar até um cliente fazendo uma recompra. Por sorte, hoje existem formas eficazes e simples de monitorar isso. Minha metodologia preferida é a do cliente oculto: o avaliador é encarregado de preencher um checklist de análise de cada atividade, que avalia cada ponto do percurso do cliente pela ótica do esforço.

O cliente oculto medindo o esforço é uma metodologia criada por um grupo de estudos da Universidade de Harvard, nos Estados Unidos, muito focada no quanto o cliente se esforça, gasta tempo e energia durante as interações com a marca.

Ao longo do tempo ela foi aprimorada, e hoje é possível medir o esforço do cliente em quase tudo por meio de uma pesquisa também: para obter informações de compra, no processo de compra em si, na usabilidade do site para a compra ou para obter informações, em canais de contato fáceis e acessíveis, no pós-venda, na troca, na assistência, na manutenção do cliente e na recompra. É o que chamamos de *Customer Effort Score*.

Mas eu ainda sou fã da metodologia tradicional do cliente oculto. Quando fazemos o caminho do cliente num site, por exemplo, medimos o quanto as informações são claras e acessíveis. O processo de compra é de alto ou baixo esforço? A resposta no chat é demorada ou o atendimento acontece rapidamente? Para o processo de devolução, analisa-se primordialmente quanto tempo do cliente é consumido. Há um esquema de coleta ou todo o processo é feito pelo usuário? Para o atendimento, a mesma coisa: os canais são de fácil acesso e disponibilizam um acolhimento rápido? A URA, ou unidade de resposta audível, é simples, sem muitas voltas, para que o cliente tenha sempre a opção de falar com um atendente?

Em nossos projetos de consultoria no Instituto Cliente Feliz fazemos esse trabalho do cliente oculto e quando apresentamos à alta direção é muito comum ficarem surpresos com os resultados. Porque raramente dentro da empresa fazemos o caminho que o cliente faz. Sempre estamos olhando por dentro e o cliente olha do lado de fora.

Parece óbvio, mas esses dias precisei ligar na operadora do meu cartão de crédito (que possui excelentes avaliações de atendimento) e tive de digitar meu CPF TRÊS VEZES. Na URA, precisei digitar oito opções até finalmente falar com o atendente, que me pediu o CPF novamente. No mesmo dia precisei falar com a Amazon. Por meio de uma opção do site, disponibilizei meu telefone e me retornaram no mesmo instante, e então fui atendida por uma jovem colombiana muito simpática. A questão foi resolvida em menos de dois minutos.

Os processos criados pelas empresas orientadas para o cliente buscam facilitar a vida do consumidor, reduzindo seu esforço e usando melhor seu tempo, e não apenas atender às próprias necessidades de controle e de medição de indicadores.

Já acompanhei casos de empresas que teoricamente estavam com os processos em dia, mas que, quando fazíamos o mesmo caminho do cliente, tínhamos muitas surpresas – e o pior: das mais desagradáveis! Por exemplo: o usuário precisava falar com o atendimento, não encontrava o telefone dentro do site e passava um tempão navegando até enfim encontrar o número. Ou até mesmo o fato de o chat de atendimento não abrir no mobile – e ninguém havia notado. (Ah, tem empresa que faz isso de propósito mesmo, viu? Para evitar chamadas no SAC. Com conhecimento de causa, digo que esse é o caminho mais tolo para evitar as reclamações! O cliente é muito inteligente e sempre encontrará meios de falar com a empresa se precisar, mesmo quando ela tenta impedi-lo.)

Para medir o esforço por meio de pesquisa – o CES – *Customer Effort Score*, é necessário formular uma pesquisa que será enviada aos clientes, com algumas perguntas. A primeira deve ter relação direta com o esforço daquele processo. Se foi um atendimento do SAC, por exemplo, a pergunta pode ser "qual o seu grau de esforço para obter a informação de que precisava?", e a resposta seria uma escala de 0 a 7 – na qual 0 equivale a nenhum esforço e 7 a um altíssimo esforço.

**No site do Instituto Cliente Feliz
colocamos um modelo para que você utilize:**

Outro dia um amigo que vende produtos na internet me contou que o cliente o procurou e fez uma compra grande – depois de já haver tentado acessar outros oito vendedores do mesmo segmento através das redes sociais e de nenhum deles sequer responder a mensagem. Ou seja: o meu amigo estava acessível na hora da venda, e isso reduziu o índice de esforço do cliente, que economizou tempo e solucionou sua demanda.

Ficar pendurado no telefone, aguardar um técnico, esperar numa fila: tudo isso impacta efetivamente a possibilidade de vender mais para seus clientes e fidelizá-los. Aliás, se você está atento ao livro, se lembra da minha experiência com a academia do meu filho: depois de tentar, de todas as maneiras possíveis, falar com o estabelecimento durante o período de quarentena – quando estava fechado e continuava cobrando as mensalidades –, passei na frente da unidade e vi uma recepcionista. Bati no vidro e contei meu problema, mas, em vez de propor uma solução, ela pediu meu e-mail e disse que me escreveria com uma posição depois de falar com o gerente.

Talvez você se lembre do filme *Um dia de fúria*, no qual o personagem de Michael Douglas "revida" toda a raiva que sente de todos aqueles que sempre o ignoraram cotidianamente – e isso inclui os atendimentos em lanchonetes. Por não ser atendido como gostaria, ele lança mão de uma metralhadora. Embora a ficção seja de um exagero completo, o sentimento de raiva é o mesmo que atinge as pessoas que se sentem ignoradas por atendentes mesmo ao solicitar algo simples. Começa como um desconforto, mas, depois de incontáveis tentativas infrutíferas de solução, a fúria chega incontrolável. E isso explica por que já houve tantos episódios de pessoas "quebrando" vitrines de lojas e coisas do tipo.

Tanto no filme como na vida, os atos de violência são injustificáveis, mas funcionam como uma boa amostra de como as pessoas se sentem quando não são atendidas. Em 2015, no Rio de Janeiro, um cliente teve uma atitude parecida em uma loja de uma empresa de telefonia: ao tentar inúmeras vezes efetuar um cancelamento de plano, ele foi até seu carro, pegou uma marreta e destruiu parte do estabelecimento.

Essa explosão de raiva é explicada pela psicologia. Segundo Paul Ekman, referência global no estudo das emoções humanas, os estados emocionais que constituem a raiva se iniciam com um incômodo, passam pela frustração e crescem até explodir na fúria.

Estados emocionais associados à RAIVA

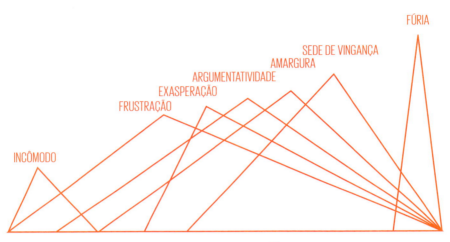

Escala da raiva segundo Paul Ekman.

Agora vamos fazer uma análise do esforço do cliente com base na escala da raiva: se o problema dele for resolvido enquanto ainda é apenas um incômodo, a chance de a sensação ruim ser estancada e de o cliente sentir alívio imediato é muito maior. É preciso sempre olhar com empatia para o consumidor, entendendo a jornada dele e diagnosticando o que pode causar transtornos indesejáveis.

Por exemplo: se determinado restaurante tem uma longa fila de espera, o cliente já entra com fome, o que aumenta a probabilidade de ele reclamar do atendimento ou da demora do prato – quem sabe até do sabor! Se entrar bem-humorada, o clima é outro.

Percebendo isso, um bar de Indaiatuba, no interior de São Paulo, tentou diminuir o esforço do cliente e aumentar o nível de satisfação dele. Primeiro foram providenciados lugares para que as pessoas que estivessem na fila de espera pudessem se sentar. Depois, foram oferecidos petiscos e bebidas na fila, sem cobrar. Isso bastou para que as pessoas não quisessem sair dali. A fila, então, virou um atrativo do lugar, porque, além de minimizar o desconforto, criou uma experiência nova para os frequentadores.

Em São Bernardo do Campo, na região metropolitana de São Paulo, também há um restaurante que monta um buffet de petiscos e bebidas na espera. Como as pessoas costumavam chegar com fome para buscar seus pedidos, essa estratégia as fazia esperar com gosto. Ou seja: o tempo de espera ainda existia, mas não chegava a ser computado como um "esforço" por parte do cliente. (Aqui, quando falo de índice de esforço, perceba que não se resume a um atendimento bom ou ruim ou da qualidade do produto, mas sim da facilidade em encontrar uma solução para sua necessidade. O produto ou o serviço podem até ser bons, mas, se geram muito esforço, o cliente pode sentir repulsa e deixar de adquiri-los.)

Quando o esforço do cliente é muito alto, qualquer tentativa da marca em transmitir uma mensagem positiva através de seus canais de marketing passa a ser irrelevante. Só que o inverso também é verdadeiro: se o índice for baixo, o cliente não apenas continua comprando como sempre recomenda a empresa, porque, se precisar falar com ela, sabe que não terá dificuldade para ser ouvido.

Para diagnosticar todas essas questões, recomendo que você comece realizando a dinâmica do cliente oculto dentro da companhia – de preferência com uma empresa especializada, que seja neutra no processo, ou até mesmo contratando esse serviço terceirizado. Esse exercício, que vai revelar alguns dos pontos que precisam de atenção dentro do seu negócio, gerará uma planilha com um plano de ação. Aí, caberá à liderança da empresa definir a prioridade de implementação de cada tópico. Os mais simples (mesmo que sejam também menos prioritários) eu recomendo que você mude depressa, porque pode ser que atinjam seu cliente diretamente.

Se no início não for possível aplicar o cliente oculto ou mesmo uma pesquisa de satisfação, comece pelo arroz com feijão: numa planilha, relacione as situações que você já sabe que gastam muito tempo do seu cliente. Na primeira coluna, escreva o que você poderia fazer nesse mesmo instante para reduzir esse tempo ou esforço. Na outra coluna, adicione o nome de quem deverá fazer isso. Pronto! Com isso você já tem um plano básico para reduzir o esforço e melhorar a experiência do cliente.

Pouco tempo atrás, eu soube do caso de uma mulher que encomendou uma fórmula numa farmácia de manipulação via WhatsApp, como solicitado pelo site. Ela então pagou o boleto que foi enviado por e-mail e ficou aguardando o envio do produto. Cinco dias depois que o pagamento tinha sido efetuado, a cliente utilizou novamente o aplicativo de mensagens para perguntar à farmácia quando receberia seu remédio. A pessoa que a atendeu naquele canal de comunicação – a mesma responsável pelo primeiro contato – se esquivou da responsabilidade: "Eu apenas anoto a prescrição das fórmulas e mando para o laboratório. Quem contrata o motoboy são eles, então não sei quando a entrega vai ser feita".

A cliente respondeu: "Desculpe, mas este é o único canal de comunicação que tenho com vocês. É por isso que estou perguntando por aqui". O estabelecimento nem sequer respondeu, deixando a cliente insatisfeita. Como resultado, ela nunca mais comprou nada daquele local. Veja bem: mesmo que o canal não fosse o mais adequado, o atendente deveria ter transmitido adiante aquela "dor" do cliente, para que a área responsável entrasse em contato para resolver, em vez de simplesmente ter "lavado as mãos".

Outro exemplo que sempre vejo acontecer nas empresas é quando o cliente faz um pedido de troca de um produto danificado. Em vez de a empresa fazer a coleta do item, solicita que a pessoa vá até uma agência dos correios e poste o produto para análise. Percebe que esse esforço do consumidor pode ser reduzido?

Não é preciso fazer cliente oculto para perceber determinadas coisas.

Certa vez, um fabricante de eletrodomésticos operou uma mudança eficaz em seus procedimentos nesse sentido: antes, quando o cliente ligava para relatar um defeito, a empresa recebia o produto e o encaminhava para a assistência técnica, e isso incomodava o cliente. Mas, como reparos às vezes são necessários, ela decidiu montar um centro de assistência técnica com show room, espaço para jogos, cafeteria. Assim, o esforço foi transformado em experiência. No fundo, o cliente só quer a solução dos seus problemas. Se você entregar isso, ele vai ficar feliz.

Por isso, na hora de olhar para o cliente, faz muita diferença saber como se comunicar bem com ele. Na época em que fui responsável pelas reclamações que chegavam do Banco Central, quem fazia a resposta era o jurídico, com uma linguagem mais rebuscada e formal, o que às vezes gerava ruídos de entendimento. No meu setor, percebemos logo que não fazia sentido responder com tanta formalidade, e passamos a nos reportar diretamente ao cliente, com o mesmo tratamento dado às demandas de ouvidoria. Nosso resultado foi surpreendente. Com um simples ajuste de linguagem reduzimos drasticamente nossa posição no ranking de reclamações do Bacen. Como passamos a fazer o primeiro contato por telefone, lembro que passava horas com o cliente na linha... Eu ouvia, deixava que ele desabafasse e depois propunha a solução.

Todo mundo adora ser bem atendido, e seria ótimo se todo e qualquer problema pudesse ser solucionado imediatamente. É claro que o ideal é não ter problemas, mas, se eles existem e a empresa propõe uma solução que se sobrepõe à reclamação inicial, bingo! O cliente se sente contemplado.

Muitas vezes o erro é simples, mas o humor do cliente acaba dependendo da agilidade ao resolvê-lo ou da atenção que a empresa lhe dá. Ser ignorado ou incompreendido faz qualquer um tremer de raiva, e aí começa o estresse. Tem coisa pior que pagar por algo e não conseguir minimamente ser ouvido?

Claro que nem todo cliente tem razão, mas o esforço dele para acessar a marca deve ser considerado. Um estudo feito pelo Institute of Customer Service entrevistou mais de 75 mil pessoas que entraram em contato com um serviço de atendimento em todos os tipos de mídia possíveis. Sabe o que foi descoberto? Que antes de encantar um cliente você precisa *resolver* o problema dele.

Ou seja: na prática, não adianta muito tentar agradar quando o consumidor precisa fazer um esforço excessivo para solucionar uma questão. Se a "culpa" pelo problema dele é sua, faça a sua parte. Simples assim.

Reduzir o índice de esforço do cliente não é o mesmo que "pegá-lo no colo", e sim buscar diminuir drasticamente o tempo que ele gasta em todo o seu ciclo de vida, gerando celeridade quando necessário.

Não importa se você faz parte de uma empresa de grande porte ou se é uma vendedora de coxinha caseira (comida que, por sinal, eu amo!): se você entrega algo, não ignore seu cliente. E, claro, não o deixe maluco, como no vídeo do programa da Regina Casé. Esteja onde estiver, resolva com o menor esforço possível! Esse é o mantra para quem quer ter clientes leais e felizes.

8

O QUE O CLIENTE QUER?

O melhor atendimento é aquele que nem precisa acontecer.

Por um longo período da minha vida, dirigi diariamente duzentos quilômetros para ir e voltar do trabalho, porque, quando o ReclameAQUI começou, eu morava em Campinas e trabalhava em São Paulo. Naquele início as coisas eram bastante intensas e o time era muito enxuto. Tínhamos que chutar, fazer o gol, contra-atacar e defender a bola, tudo ao mesmo tempo. Eu mal conseguia dar atenção para as minhas questões pessoais durante o dia. E acrescente aí a maternidade – meu filho estava com sete para oito anos.

Uma das coisas que estavam ao meu alcance para aproveitar o tempo era usar muito bem as três ou quatro horas que eu passava no trânsito. Para chegar a São Paulo eu levava em torno de duas horas (nos dias normais) e, para voltar, uma hora e meia aproximadamente.

Em uma ocasião, eu estava enfrentando um problema com a operadora de telefonia fixa e passei a usar esses intervalos para ligar para a empresa (mas calma, querido leitor, eu fazia as ligações pelo bluetooth do carro). Minha intenção era pedir para revisar valores cobrados na minha conta, que estavam muito altos. Quando fui checar os lançamentos, estavam sendo duplicados.

Além do esforço altíssimo que precisei fazer para entrar em contato, nenhum atendente entendia que eu não estava querendo deixar de pagar a conta. Eu só queria pagar o valor correto. Minhas ligações eram transferidas para diversos departamentos, e nada foi resolvido. Abri chamados e protocolos, sem sucesso. Não foram poucas as vezes em que conectei o telefone no bluetooth do carro e continuei na espera por todo o caminho até chegar em Campinas, acredita?

Se você leu com atenção o capítulo anterior, em que falo sobre estado emocional, já imagina como o meu devia estar. Foram mais de dez

99

ligações intermináveis para conseguir de fato o que eu queria: resolver a situação. Talvez esta tenha sido a frase que mais falei para as empresas com quem trabalhei nos últimos anos: o cliente só quer resolver. De imediato retrucavam: "Ah, Gisele, mas nem sempre dá para fazer tudo o que o cliente quer!".

Aí é que está: resolver não significa fazer tudo o que o cliente quer, mas sim solucionar o problema com rapidez. É atender, acolher, dar uma resposta, uma saída.

Para que isso aconteça, é muito importante manter um fluxo que garanta a solução ao cliente em qualquer situação. Com isso, quero dizer que você precisa organizar o seguinte fluxo: por onde o problema chega, para onde e como ele é encaminhado e quem tomará a dianteira para solucioná-lo.

No geral, quem entrega a solução para o cliente são as áreas que lidam diretamente com ele, mas todo negócio precisa estruturar um processo de solução de problemas acordado entre as diferentes áreas da companhia. Até o final deste capítulo você vai entender por que isso impacta nas suas vendas, no seu lucro e na sustentabilidade da sua empresa.

Se hoje na sua empresa o processo de reclamações e atendimentos não está desenhado, a hora é esta! Pare e estruture esse fluxo, no qual a tratativa precisa ter começo, meio e fim. Entre os pequenos negócios, é comum não existir uma padronização do atendimento das reclamações, então cada incêndio acaba sendo apagado de uma maneira. Se isso não for sanado, os incêndios aumentam, e quando menos se espera a situação já saiu do controle.

Essa conta pode sair cara demais. Você já passou pela situação de ter um problema numa loja e precisar chamar o gerente, porque ninguém conseguia resolver? Isso não é nada legal, certo?

Esse fluxo, assim como a missão e a cultura do negócio, deve estar internalizado. Os líderes precisam treinar e dar autonomia a seus colaboradores. Caso contrário, se ele precisa autorizar tudo, o fluxo não existe, e os processos ficam parados.

Para começar, crie as regrinhas básicas do que pode ou não ser feito, sempre deixando claro que os casos de exceção requerem autorização.

Conheço a história de um empresário que determinou para sua equipe que qualquer problema que custasse menos de cem dólares não deveria nem sequer ser passado para a frente, e sim resolvido imediatamente com o cliente. "Resolvam", ele dizia. Sabe o que ele percebeu? O custo para lidar com a maioria das reclamações não passava dos vinte dólares. Isso nos traz uma reflexão: por que estamos brigando com o cliente, fazendo braço de ferro? Vale mesmo a pena?

Essa lição não serve apenas para as grandes corporações. Eu sei que os pequenos negócios mal têm tempo de escrever as regras do jogo – afinal, para fazer a empresa rodar, você se torna um faz-tudo: atende, cuida da venda e do pós-venda. Passei exatamente por isso quando comecei a empreender. Nem sempre há uma equipe ou mesmo agilidade para criar essa dinâmica. Por mais que você, empreendedor de pequeno negócio, acredite que está atendendo seu cliente da melhor maneira possível, entenda que, ao desenhar esses processos e dar autonomia aos colaboradores, você otimiza o trabalho e ganha não só tempo como uma série de benefícios, tanto internos como para os clientes.

Eu me lembro de uma história de quando visitei um museu em Londres. Fazia um frio de dois graus, então eu tinha me empacotado e usava inclusive luvas, mas, como lá dentro do prédio estava quentinho, eu as tirei e guardei no bolso.

Deslumbrada com as obras de arte, não notei quando uma das luvas caiu do meu bolso. Percebi só depois de uns dez minutos, e imaginei minha mão congelando ao sair do museu. Corri até o guarda daquele saguão e contei o que havia perdido. Ele disse que ela deveria estar nos achados e perdidos e se ofereceu para me acompanhar até lá. Eu me espantei: "Aconteceu agora há pouco, será que já está lá?". Ele garantiu que sim.

Descemos dois lances de escada e chegamos a uma sala branca, com cara de escritório. Um senhor veio na minha direção segurando uma caixa branca, tirou de lá de dentro a minha luva e me entregou.

Agradeci imensamente aos dois e voltei para o meu tour, encantada com a comunicação entre eles e com a rapidez do processo, sem falar da fluidez do procedimento.

Isso se chama *processo*. Entende? Esse exemplo serve para mostrar que não importa o segmento ou o tamanho do negócio: toda empresa organizada e que preza pelo serviço que entrega precisa definir seus processos e procedimentos para então formalizá-los por escrito e treinar o time para aplicar o que foi definido.

Uma vez, estava viajando pelo interior da Bahia e ajudei meu amigo Edivaldo, empreendedor dono de uma rede de materiais de construção, com uma questão em uma de suas lojas. Ele me chamou porque achava que o atendimento no negócio dele não estava indo bem. Nós nos sentamos durante dois dias e checamos todos os processos do início ao fim. Então bolamos um manual simples, que depois foi apresentado linha por linha para toda a equipe, enriquecido com as sugestões deles e então fixado no mural da empresa.

Comece fazendo o simples. Como um arroz com feijão bem-feito! E acredite: vai abrir seus olhos para enxergar que o microgerenciamento deve ser evitado. Tive um chefe que dizia que o líder devia dedicar pelo menos 30% do tempo à parte estratégica, do contrário seria consumido pelo dia a dia, sem conseguir inovar nem pensar no futuro.

Às vezes, em certas empresas que atendo, percebo os dois lados da moeda: empresários dizem que colaboradores não encantam seus clientes e colaboradores revelam que não conseguem propor soluções porque não são ouvidos e não têm autonomia.

A verdade é que os líderes precisam se planejar para ouvir quem está na linha de frente – ou seja, os colaboradores –, porque eles sabem, mais do que ninguém, o que o cliente quer. Aproveite os recursos que tem hoje e faça o melhor para o negócio!

Numa live com minha amiga Michelle Lima, relações-públicas apaixonada pelo que faz, ela contou que, enquanto dirigiu o atendimento da Luxottica – líder mundial em óculos que conta com um portfólio de mais de 26 marcas –, a empresa estava sempre se reinventando, criando soluções para o setor de atendimento e contribuindo para que as áreas de marketing e de vendas tivessem bons resultados.

Seu olhar para a equipe era impecável. Colocando o atendimento em primeiro lugar, Michelle costuma dizer que, para que todos os problemas dos clientes sejam solucionados, a empresa precisa se debruçar sobre seus processos internos. Como diretora, ela dá o exemplo: mesmo se estiver enfrentando um turbilhão de problemas, quando alguém, independentemente de quem seja, pede um minuto de sua atenção para resolver algo, ela interrompe o que está fazendo para ajudar.

Por que ela fez questão de frisar isso? Porque resolver os problemas dos clientes está no DNA dela. E porque uma empresa é incapaz de resolver problemas externos se não sabe priorizar os problemas internos. Como se dedica da mesma forma a tudo, antes de falar em jornada do cliente Michelle fala sobre jornada do colaborador. Afinal, como já pontuamos no capítulo anterior, para prestar um bom atendimento é necessário integrar todo mundo a esse cuidado. Uma equipe assim estará sempre preparada para lidar com o lado emocional da interação com o cliente.

Vou ser bem sincera: o cliente nem sempre tem razão. Costumo dizer que ele, na verdade, tem as suas próprias razões. Seu trabalho deve ser identificá-las o mais rápido possível. Eu sei que às vezes ele é chato, causa problemas e entra em contato para facilitar a própria vida, sem se importar com a maneira como o problema vai de fato ser resolvido.

Uma amiga confessou outro dia que comprou uma televisão no supermercado e, ao chegar em casa e abrir o manual, preferiu ligar para a central de atendimento para pedir algumas explicações simples. A televisão estava funcionando, mas ela não estava disposta a "perder tempo" lendo todas as instruções para entender como ativar as funções básicas; queria ter um passo a passo. O atendente forneceu o tutorial que ela esperava, e minha amiga agradeceu, reconhecendo que o procedimento era muito simples. Disse que poderia ter lido sozinha as instruções e, em suas palavras, "feito sua parte como consumidora". Ela acabou se sentindo constrangida por ter ocupado uma linha telefônica daquela forma.

Em situações como essa, em que os clientes extrapolam um pouco, é compreensível sentir vontade de responder: "Basta ler o manual, senhora. É o mínimo a fazer ao comprar um produto". Mas preste atenção: o cliente tem suas limitações e suas necessidades; uma vez que você vendeu algo a ele, tem a obrigação de instruí-lo minimamente. Podemos discordar, espernear, mas a verdade que eu e você sabemos é que o cliente às vezes pode não ter razão, mas ele é a razão de ser da companhia.

Aliás, lembro que o *head* de atendimento ao cliente de uma grande fabricante de eletrodomésticos me contou, em uma reunião, que era muito recorrente os clientes provocarem um curto-circuito em certo equipamento da marca quando o ligavam pela primeira vez porque não prestavam atenção à voltagem. E nem adiantava dizer que o cliente precisava ter lido o manual antes, porque o estrago já estava feito. Decidiram então mudar a embalagem diferente: o cliente só conseguia ligar o aparelho depois de ver uma faixa com a orientação em letras garrafais. As reclamações, então, caíram drasticamente. Isso é gerar solução.

Isso não quer dizer que a empresa precisa ficar "refém" do cliente e educá-lo. Porém, se ele tem sempre a mesma dúvida, a marca precisa tomar para si a responsabilidade de não ter transmitido uma mensagem clara. Às vezes, é fazer como a fabricante de eletrodomésticos fez: esclarecer em letras garrafais vermelhas o que o consumidor não consegue enxergar.

Esse tipo de cliente "mal-acostumado" pode ser angustiante para uma empresa, mas as falhas de comunicação também geram desentendimentos. Quer coisa mais chata para o consumidor do que ver o anúncio de um produto e ter de perguntar seu valor por inbox?

Minha recomendação é, sempre que possível, facilitar a vida do cliente. Só que muitas vezes o cliente não comunica aquilo que inviabilizou sua compra – assim, a empresa nem fica sabendo como foi a experiência dele, e por isso não consegue propor soluções. Afinal, só traz solução quem conhece o problema.

Outro dia ganhei um voucher de cem reais para trocar numa loja de roupas. Entrei no site e achei as peças lindas, mas tive dificuldade de escolher, porque não conseguia visualizar todos os detalhes de cada item. Eu queria filtrar minha pesquisa por tipo de peça, mas, por não conseguir encontrar os filtros, acabei pegando a blusa mais simples para poder usar o cupom. Quando o inseri, ele estava vencido.

"Não acredito que gastei todo esse tempo!", pensei. Rasguei o cupom, mas depois me arrependi: entrei no formulário de contato e escrevi exatamente como tinha sido a minha experiência e o porquê de não ter usado o voucher nem feito a compra. Até hoje não me responderam, mas deixei meus motivos registrados.

O ideal seria que todo mundo desse um feedback como esse, mas, de todo modo, a empresa não precisa esperar uma reclamação para procurar desburocratizar o acesso do cliente e otimizar a experiência dele em sua loja.

Por fim, depois que você tem os processos desenhados, a equipe treinada e o passo a passo da tratativa de solução definido, é preciso, acima de tudo, ter empatia e demonstrar isso ao cliente. Na tratativa, além de garantir que o problema será resolvido rapidamente e da melhor forma possível, é preciso se colocar no lugar do outro, inserindo-se no universo dele. Por exemplo: se você liga para a Apple com alguma questão sobre o seu celular, o atendente diz de imediato: "Nossa, seu celular travou? É péssimo! Já passei por isso, então sei como é, mas vamos lá!".

No atendimento, não basta ser empático – é necessário deixar isso bem claro para o cliente. Se o consumidor reclamou, a pior saída é pedir que ele espere "só um momentinho". Para ele, o importante ser ouvido e acolhido em sua reclamação.

Certa vez, no ReclameAQUI, recebemos a queixa de um consumidor que disse ter comprado três cuecas para sua lua de mel, e uma delas estava desfiada. O fio dela tinha soltado, e ele passou muita vergonha em sua noite de núpcias. Ficou decepcionado, porque confiava na marca para o dia mais especial de sua vida. No entanto, a empresa desconfiou da reclamação e respondeu que achava impossível uma cueca desfiar daquela maneira. E acrescentaram: "Prezado cliente, para maiores esclarecimentos, envie o produto para o endereço X que o submeteremos a uma análise".

Esse é um exemplo de empatia zero. Se a pessoa chegou a escrever uma reclamação pública, é porque a situação foi motivo de grande constrangimento. Estar disposto a se expor daquela forma demonstrava o quanto o cliente se importava. Colocar-se no lugar dele já surtiria um efeito de acolhimento, mas em vez disso a empresa me procurou e disse: "Olha o exagero desse cliente! Ainda nos deu nota zero". A minha pergunta foi: "Há alguma possibilidade de isso ter acontecido?". Se a empresa errou em qualquer momento, o ideal é sempre acolher, pedir desculpas e resolver a situação. Se não há chance de ter errado, minha sugestão é acolher da mesma forma, explicando o ponto de vista da marca com delicadeza e respeito.

Ouvi uma história sobre quando a Havaianas recebeu uma reclamação de um cliente que dizia que a tira da sandália havia rachado ao meio. A marca sabia que aquilo era totalmente incomum, mas a pessoa afirmava que o dano tinha acontecido. Quando a empresa recebeu uma foto da sandália, percebeu que a denúncia era infundada: havia marcas de mordidinhas de cachorro no chinelo. Com base nessa constatação, responderam ao cliente com bastante educação, mas sem desacreditá-lo. Como eu já disse, o cliente sempre tem a sua razão, e entendê-la a fundo ajudará a buscar as origens daquela insatisfação.

Depois de tudo isso, parece bastante óbvio: para fidelizar de verdade o cliente, não adianta fazer mimos ou propor soluções supérfluas; é necessário resolver o problema. E não dá para querer encantar se não souber fazer o arroz com feijão direitinho.

Poupar o tempo do cliente e reduzir seu esforço são estratégias--chave para solucionar e minimizar problemas, mas é preciso ir além, prevenindo o problema seguinte com base na análise das interações anteriores. Um cliente que ainda tem coisas "engasgadas" para falar não vai comprar antes de pôr todos os pingos nos is.

No trabalho que desenvolvo de remodelar a estrutura de atendimento dentro das empresas, aplico a metodologia da pirâmide de necessidades do cliente, inspirada na pirâmide de Maslow.

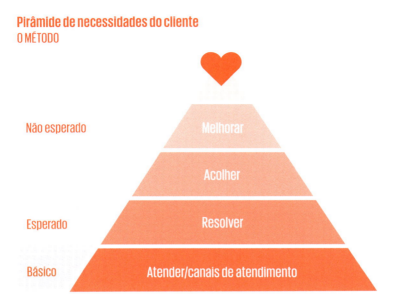

Ter canais de atendimento e estar preparado para atendê-los é o básico, mas o cliente espera mais: a resolução imediata do problema. E o que ele *não* espera? Acolhimento. Essa é a cereja do bolo. E, é claro, a melhoria contínua também, coisa que nem sempre acontece. (Se quiser saber mais sobre esse "algo a mais", preparei ao final deste livro um capítulo dedicado a explicar tudo o que você precisa saber o assunto.)

Por mais que estruturar um bom atendimento demande muito processo e muito treinamento, não deixe para depois. Não dá para deixar o seu cliente para depois! Além disso, outra armadilha é não saber a quem responsabilizar. Por exemplo, quando o lucro da empresa é impactado, ela investiga o time de vendas, não o atendimento. Em vez de descobrir quem não está fazendo um bom atendimento, a companhia procura saber quem não está vendendo bem. No entanto, se o cliente feliz é que dá lucro, é preciso detectar se há uma experiência ruim ou um serviço inadequado. Não adianta vender mais se o atendimento não está dando conta da entrega. Isso pode ser um tiro no pé.

Em *Sonhos in box*, livro do Robinson Shiba (Buzz Editora, 2017), fundador do China in Box, o autor conta que, após começar a vender franquias, sua equipe o chamou para uma reunião. Para ele, parecia certo querer expandir o negócio dessa maneira, mas ouviu de seus colaboradores a seguinte frase: "Robinson, você sai para caçar leões, e depois os leões ficam aqui correndo atrás da gente. Somos nós que temos que domá-los".

Com isso, ele deu uma pausa nas vendas e no crescimento da empresa para fazer a lição de casa: olhar como era o percurso de quem adquiria uma franquia. Depois de afinados os processos, novos procedimentos foram criados, e a partir de então Robinson voltou a vender franquias.

Como em muitas situações da vida, às vezes é preciso dar dois passos para trás para dar muitos para a frente. Esse crescimento desenfreado pode até quebrar um negócio, caso os pontos mais sensíveis de sua cadeia não sejam observados. É por isso que o tempo gasto para analisar, preparar e rever processos é um investimento valioso e duradouro para a empresa.

Daí a importância de integrar cada vez mais as áreas. Quando a energia do time de vendas é compartilhada com a energia da entrega e do pós-venda, algo extraordinário acontece. Esse é justamente o ciclo virtuoso que tento colocar na cabeça das empresas. Um exemplo: um empreendedor quer pagar as contas e salvar seu negócio e por isso sai caçando clientes, mas não percebe que a conversão de clientes novos é de 5%. Se prestasse atenção à sua base, veria que ela tem conversão de 60%. Como já são seus clientes, o custo de aquisição é muito mais baixo. Com isso, a saída de clientes diminui e gasta-se menos em propaganda, porque o bom boca a boca já garante a clientela. Essa empresa teria, então, muito mais margem de lucro.

Eu diria que uma das maiores essências deste livro é: o bom atendimento pode mudar o mundo e pode mudar a sua empresa, tornando-a mais lucrativa e sustentável. Pense nisso!

9

QUE EXPERIÊNCIA QUERO GERAR PARA MEUS CLIENTES?

As pessoas vão esquecer o que você disse, as pessoas vão esquecer o que você fez, mas as pessoas nunca esquecerão como você as fez sentir.
MAYA ANGELOU

Você sabia que a palavra "grife" vem do francês e significa "unha pontuda e curva de certos animais; garra"? Num sentido mais amplo, o termo pode representar a força da marca que um animal imprime no solo, e isso quer dizer que, quanto mais fundo o animal coloca suas garras, mais marcado fica o solo e mais potente é a grife deixada por ele. Essa reflexão me provocou a fazer uma analogia: de que forma as empresas imprimem sua marca em nossa vida?

Certamente você já foi impactado por uma experiência de consumo que nunca esqueceu. Todos fomos. Eu ainda consigo sentir o cheiro da caixa na qual recebi uma blusa comprada pela internet certa vez. Lembro exatamente das sensações que tive ao abrir o pacote: o aroma muito agradável que perfumou a sala toda e a delicadeza do papel de seda que cobria a peça de roupa, arrematado por um laço de fita e uma flor de lavanda. A impressão que dava era de que, lá do outro lado, alguém tinha preparado aquele pacote pensando em como eu ia me sentir quando o recebesse.

Isso me recorda uma cena breve, mas que me marcou bastante, do filme *Um senhor estagiário*, com Robert De Niro e Anne Hathaway. Nela, a personagem de Anne, fundadora de um e-commerce de moda, visita o depósito de sua marca para ensinar as colaboradoras a fazerem o pacote perfeito. Ela demonstrou como queria que o cliente recebesse o produto: como se estivesse recebendo um presente que comprou para si mesmo.

Cuidados como esse não têm preço. Eles fazem as pessoas se sentirem especiais – vips de verdade! Quando a empresa se preocupa em proporcionar ao cliente a melhor experiência de consumo possível, a mágica acontece. Seja na entrega de uma blusa, seja na troca de um pneu, eu garanto: é fundamental dedicar sua atenção a isso.

E você? Já parou para pensar na experiência que quer gerar para seus clientes? Foi pensando nessa pergunta que o estrelado chef de cozinha Ferran Adrià conquistou o mundo. Mesmo já sendo considerado um chef arrojado, que proporcionava vivências gastronômicas inusitadas para quem visitava seus estabelecimentos, ele decidiu que o El Bulli, mais do que um restaurante, seria um verdadeiro laboratório de experiências sensoriais. Em suas entrevistas, dizia que servir a melhor comida não bastava. O que ele queria era proporcionar um jantar que despertasse todos os sentidos dos seus clientes. Sua marca registrada era uma experiência sensorial única, que trazia as sensações à flor da pele: as pessoas experimentavam os alimentos com o tato, sentiam os aromas de cada prato, percebiam um visual com texturas diferentes. Para ele, proporcionar uma noite mágica e inesquecível valia mais que qualquer fila de espera concorrida. O restaurante deixou de funcionar em 2011, mas o experimento deu origem ao centro de pesquisas elBulli1846 – uma referência ao nome do estabelecimento laureado com três estrelas Michelin e o número de pratos que o chef estima ter inventado.

Mesmo mantendo o El Bulli fechado por seis meses durante o ano, Adrià conseguiu a proeza de cultivar enorme curiosidade nos amantes da gastronomia – a prova disso é o fato de que a espera para conseguir uma mesa para o jantar podia levar meses. Explorando conceitos de química e física, o chef criou a gastronomia molecular, apresentada num menu degustação de trinta pratos que proporcionavam uma verdadeira orgia para os sentidos.

A verdade é que você pode fazer como Ferran Adrià em qualquer segmento: basta perguntar a si mesmo: "Como quero que meu cliente se sinta?". Se você já tiver essa resposta, meio caminho está andado.

"Ah, mas ele é o melhor cozinheiro do mundo. É claro que o tipo de experiência que ele oferece é diferente." Será? E se eu disser que você pode promover experiências memoráveis para seu cliente independentemente do serviço que oferece – inclusive numa borracharia?

Se essa ideia pareceu impossível para você, é porque não conhece o Leandro. Esse amigo querido mora em Vitória (ES) e trabalha como borracheiro desde os catorze anos. Em determinado momento da vida, se deu conta de um grande estigma que envolve sua profissão: em geral, os locais onde as borracharias funcionam costumam ser sujos, com pôsteres de mulheres peladas – um ambiente que intimida e afasta a clientela feminina. Até então, Leandro pouco tinha ouvido falar sobre preconceito, mas teve de lidar com ele quando começou a namorar uma menina rica, cuja família o fazia se sentir desconfortável em algumas situações.

Ele sabia que não havia nada de errado com a profissão de borracheiro. Por que ia deixar um trabalho de que gostava tanto? Ao mesmo tempo, começou a perceber que não era aceito como gostaria em determinados núcleos, como se o fato de ser borracheiro o deixasse num nível inferior. Depois de enfrentar uma crise de identidade, decidiu que não mudaria nada em si mesmo apenas para ser bem-visto socialmente, e a profissão de borracheiro era parte importante de sua vida.

Antes de pensar na solução para o cliente, ele pensou na solução para si próprio. Se a imagem do borracheiro estava em jogo, era exatamente isso que ele ia mudar. Para quebrar estereótipos, ele primeiro mudou o visual do seu estabelecimento: criou um ambiente moderno, bonito, limpo, com um design impecável, luzes e espelhos. Determinou que seus colaboradores trabalhariam de roupa social. Para melhorar ainda mais o atendimento, criou um espaço kids para que as famílias pudessem deixar os filhos quando levassem o carro para o conserto. Por tudo isso, se tornou o queridinho do público feminino, ao criar um ambiente absolutamente convidativo e nem um pouco intimidador.

Quando as pessoas iam fazer um reparo no carro, não pensavam mais "Ah, que ruim, preciso ir a uma borracharia", e iam felizes para lá porque a experiência proporcionada era muito agradável. As crianças tinham um espaço de recreação, os colaboradores eram bem treinados, o local tinha um quê de especial. E é claro: tudo isso gerava impacto no lucro.

Sempre que chegavam ali, os clientes abriam a câmera do celular para fotografar e fazer stories divulgando o estabelecimento e o serviço excelente – o tão conhecido boca a boca, que elevou a borracharia a outro patamar.

Mas Leandro só se deu conta do sucesso do seu negócio em 2018, depois que competiu com outros milhares de outros empreendedores no reality show Shark Tank Brasil e recebeu um investimento para expandir. Ali percebeu que entregava mais do que um simples serviço de borracharia: tinha transformado um modelo de negócio, criando um novo DNA para um segmento outrora estigmatizado.

E tudo isso graças ao encantamento que proporcionava. Leandro ainda estudou desenvolvimento pessoal e passou a levar mensagens de esperança para cada cliente que entrava na sua oficina. Para ele, o contato humano transcende o tipo de serviço prestado: "Se você pode transformar uma experiência, não importa se é borracheiro ou doutor. O que importa é como você contribui para a outra pessoa".

Não me esqueço de algo que Leandro me disse logo que nos conhecemos: "Gisele, nossas empresas são apenas uma desculpa para nos aproximarmos das pessoas e então fazer diferença na vida delas".

Embora seja possível dar atenção ao encantamento do cliente em qualquer ramo de atuação – e o case do Leandro é prova disso –, muitas empresas acham que basta investir em "perfumaria". Mas o contato humano, tão desprezado hoje em dia, pode fazer uma diferença brutal na experiência com seu cliente – às vezes ele *é* a experiência em si –, porque o consumidor chega até a sua empresa de diversas formas, mas o que o faz ficar é a forma como é tratado pelos colaboradores.

Nunca me esqueço da história que uma cliente contou sobre uma visita a uma loja de produtos esotéricos. Ela não estava se sentindo muito bem, e quando parou no semáforo e olhou para o lado viu uma loja com incensos, velas e alguns artigos para a casa. Decidiu estacionar o carro e entrar. Assim que chegou, foi abordada pelo profissional que estava atrás do balcão, mas disse que estava apenas dando uma olhada.

Os dois então começaram a conversar, e em poucos minutos ele disparou: "Eu sei o que você precisa. Não tenho aqui, mas sei quem pode te ajudar". A indicação foi de um curso que ele frequentava e que achava que ela iria gostar. Naquele dia, a cliente ficou duas horas dentro da loja papeando com um desconhecido, que lhe ofereceu café e uma conversa honesta. Ali nasceu uma amizade, e ela virou cliente fiel da loja, mesmo depois de não ter gastado um real na primeira visita.

"Nunca vou me esquecer de como me senti", ela contou. E aquela experiência não custou nada. O dono da loja era só alguém de bom coração, que gostava do que fazia e se conectava com pessoas. Ele tinha um negócio com propósito genuíno.

Então, se você acha que é preciso fazer um grande investimento para gerar uma boa experiência no consumidor, veja que ela nem sempre está atrelada ao luxo. Às vezes basta dar o que o cliente quer naquele momento: um café, um chá, uma conversa, um olhar gentil, uma palavra de conforto. Todos podemos oferecer alguma coisa, não importa a área de atuação. Quando conectamos o coração com essa missão, pronto! Deixamos a nossa marca, como os animais que imprimem suas garras no solo.

Mas você não precisa ser dono do próprio negócio nem atuar na área de CX para pensar no assunto. Isso me faz lembrar de uma história do comandante Rolim Amaro, da antiga companhia aérea TAM. Em 1972, ele adquiriu metade das ações da Táxi Aéreo Marília (que mais tarde passaria a ser conhecida como TAM), empresa para a qual inclusive já havia trabalhado como piloto nos anos 1960, e assumiu, quatro anos depois, seu controle total. Após alguns anos, na década de 1990, por ocasião da inauguração da primeira rota internacional da companhia, que ia de São Paulo a Miami, Rolim cedeu os assentos do voo a 225 de seus colaboradores, escolhidos pelo critério de tempo de casa. Só que, de forma intencional, todo o atendimento durante o trajeto aconteceu de maneira diferente do previsto: a decolagem atrasou, o serviço de bordo foi ruim, a comida servida estava fria. Quando desembarcaram, o empresário reuniu o grupo e, após revelar a armação, perguntou: "Se você fosse um cliente, voltaria a voar com a nossa empresa, mesmo depois de tudo isso?".

Uma experiência péssima sempre fica registrada, tanto quanto uma ótima. Aquele exercício de empatia serviu para mostrar, na prática, como ele não queria que seus passageiros fossem tratados.

Tratar bem deve ser a premissa de um bom atendimento, mas promover uma experiência do início ao fim – ou desde o embarque até o desembarque do passageiro – é ainda melhor. Mesmo que você não trabalhe numa companhia aérea, como é o caso de João Appolinário, fundador e CEO da Polishop. Em seu livro *Inovar é questionar o que já existe* (Buzz Editora, 2019), o empresário conta que uma experiência negativa o levou a rever muitas de suas posturas. A partir disso, decidiu que as lojas físicas da sua rede proporcionariam a experiência que ele gostaria de ter sempre que entrava num estabelecimento.

Certa vez, Appolinário foi barrado numa conhecida loja em Nova York porque ele e o filho estavam tomando sorvete. Para ele, era inadmissível que um comércio não permitisse a entrada de uma pessoa consumindo o que quer que tivesse vontade. Nesse sentido, o empresário dá carta branca aos seus colaboradores: nas lojas de sua rede, os clientes podem experimentar as máquinas de café, pipoca ou sorvete, e saem dali encantados, mesmo que não estejam dispostos a comprar num primeiro momento.

Para ele, vale a premissa de que a experiência da lojista do shopping que entra na loja só para experimentar um secador de cabelo deve ser a mesma proporcionada a uma cliente fiel. Dessa forma, sem estigmatizar clientes ou priorizar atendimentos, ele encanta todos aqueles que entram em seu "parque de diversões" – que *nunca* deve estar fechado.

Quando o João Appolinário contou isso durante uma live que fizemos juntos, eu me recordei de quando meu filho era pequeno e adorava visitar a loja da Polishop para se divertir na poltrona de massagem e na esteira ergométrica ou comer batatinha frita... Frequentávamos bastante o lugar, e nunca fomos repreendidos pelos vendedores. Esse tipo de experiência fica na memória.

Se a cultura da sua empresa já é orientada para o cliente, como vimos em capítulos anteriores, é durante a experiência do consumidor que você poderá colocar em prática tudo o que aprendeu até aqui. Alguns anos atrás, quando a onda de *Customer Experience* começou, foi uma corrida danada para criar departamentos de Customer Experience (cx) dentro das empresas. De certa forma, isso foi bom para despertar e ampliar o olhar sobre o tema, mas, infelizmente, muitas companhias ainda acham que contratar um *head* de cx é a salvação da pátria. Na verdade, essa área só vai orquestrar e sincronizar todas os demais setores para que, juntos, possam gerar a melhor experiência no cliente.

Mas o que fazer de diferente para gerar uma ótima experiência? Já vou logo avisando: de nada adianta ter um produto excelente e uma experiência ruim. Os consumidores estão cada vez mais conectados e exigentes, então as marcas precisam estar atentas a seus gostos e necessidades individuais. Quando a empresa está ligada nisso, faz um bom mapeamento da jornada do cliente para observar toda a interação entre o consumidor e a marca, que começa mesmo antes do processo de aquisição de um produto ou serviço. Como já vimos, além de garantir que o básico seja bem-feito, é possível proporcionar ao cliente uma experiência que inclua sensações físicas, psicológicas, racionais ou emocionais.

Quer um exemplo? De 2017 a 2019, para oferecer uma experiência a seus clientes, a Comgás, a maior companhia de distribuição de gás encanado do país, apoiou o evento Cinegastroarte. Em parceria com uma rede de cinemas que já estava habituada a oferecer um serviço encantador (com cadeiras que reclinam e serviço de garçom para comidas e bebidas dentro da sala, por exemplo), a proposta era ainda mais diferenciada e única: durante a exibição, o cliente recebia o mesmo prato que o personagem estava degustando na telona, preparado por chefs estrelados. Você consegue pensar em algo mais genial que ver um prato na telona e poder experimentá-lo ao mesmo tempo? Eu não!

Para quem não conseguia comprar os ingressos, a experiência continuava do lado de fora da sala, com atividades para crianças, intervenções artísticas, aulas-show, degustações e harmonização de drinques. Tudo isso para promover uma experiência sensorial e muito diferenciada.

É como acontece em certos festivais de música de que talvez você já tenha ouvido falar, cuja programação oferece tantas atrações que os shows podem até ficar em segundo plano. Os eventos atraem multidões, e os serviços ofertados vão de SPAS a tatuadores e parques de diversões. Esse conjunto de interações distintas, regadas a bastante comida boa e bebida, leva as pessoas a sentirem que vivenciaram algo único. É claro que a música é um ponto alto, mas as sensações não param por aí.

No entanto, como já vimos, para aplicar o CX nesses moldes é importante que a cultura da empresa esteja bem definida, com o time todo a par das condutas estabelecidas. Certa vez, numa viagem, entrei numa loja da Gucci e fui recebida de imediato por um jovem. Para minha surpresa, ele não perguntou o que eu estava procurando nem qual número eu usava. Disse apenas: "Seja bem-vinda! Você aceita uma água com ou sem gás?". Maravilhada, pedi uma água com gás e a recebi numa taça, enquanto desfrutava de uma verdadeira experiência sensorial na loja, com direito a cheiro, cor e música. Em nenhum momento fui bombardeada por perguntas sobre o que ia comprar – a intenção era que as pessoas se sentissem confortáveis na loja e desfrutassem daquela experiência. Se a compra ia acontecer ou não, era outra história.

É possível qualquer negócio aprender com o mercado de luxo. Estudá-lo e aprender como esse mercado que há décadas trabalha para gerar valor e experiência envolvida em seus produtos, pode trazer insights poderosos para o seu negócio. É possível acrescentar com sutileza os princípios do mercado de luxo em outros mercados. Ninguém compra uma bolsa de 50 mil reais só porque ela tem uma ótima qualidade. As marcas de grife se preocupam em gerar valor e cuidam de cada ponto da jornada do cliente.

Entre os insights que o luxo nos traz estão o acolhimento, a humanização, a elegância e sensibilidade com o outro e o tratamento único e altamente personalizado, gerando momentos especiais aos clientes.

Quando você conhece teu público, tudo fica muito mais fácil e orgânico. Para isso, o ideal é entender a jornada do cliente desde o momento em que entram em contato com a marca. Observando o mapa dessa jornada, você entende os pontos de atrito e confere se é preciso uma nova experiência para otimizar aquele processo e transformá-lo de vez numa experiência. Seja criterioso ao observar os menores detalhes:

mesmo que a experiência seja positiva, um cadastro que demora para ser aprovado é uma falha que pode ser corrigida, por exemplo.

O mapeamento da jornada de experiência do cliente vem sendo estudada e trabalhada por grandes organizações. Essa metodologia identifica o caminho que o cliente faz, qual o sentimento e o que ele deseja em cada ponto de contato. Com base nesse mapeamento, a empresa implanta melhorias e investe em recursos para otimizar e atender a essas expectativas. E pode ir além, acrescentando uma cerejinha do bolo quando o cliente menos imagina que ela possa acontecer!

Já deu para perceber que tudo isso exige processos bem definidos e muito treinamento, não é? Não é a toa que essa é uma das maiores demandas que temos no Instituto Cliente Feliz. Porque é uma construção de quatro mãos a jornada do cliente, o ideal é que seja feita de forma colaborativa com todas as áreas da empresa e ter um terceiro para mediar facilita muito.

Todas as áreas da empresa precisam estar engajadas no mesmo objetivo em prol do cliente. As equipes de marketing, de vendas e até mesmo o financeiro devem estar em sintonia e conversar entre si. Afinal, de que adianta uma equipe se esmerar para efetivar a venda se o financeiro pisa na bola com o cliente na hora de gerar o boleto, por exemplo? Tudo deve estar orquestrado.

O impacto no faturamento é indiscutível. Sabe por quê? Quem tem uma boa experiência volta a consumir e ainda indica o produto ou serviço a seus contatos. Com isso, cria-se uma prática sustentável e de longo prazo em que os clientes divulgam a marca sem que sejam forçados a isso. E aí, como aqueles que não tiveram a experiência passam a querer ter, você criou um objeto de desejo. Pronto! Quando você oferece uma experiência diferenciada com excelência, sua marca sai da zona de comparação de preço.

Mas não se engane: é preciso estar atento para não cair em armadilhas quando for construir a jornada do cliente. O maior desafio de mapear a experiência do cliente é implantar as melhorias sugeridas. Conheço muitas empresa que contratam consultorias caríssimas para mapear a jornada do cliente e depois ficam com projetos engavetados.

Isso porque não começou de cima para baixo. Se não houver uma mudança de cultura, as sugestões propostas num projeto como esse ficam sem prioridade e são esquecidas ao longo do tempo.

Outra cilada é criar uma jornada baseada nas próprias referências ou para atender às suas metas da área, sendo que a ideia é pensar em como criar a MELHOR experiência para o cliente em qualquer ponto do contato dele com a marca. Recomendo, então, que esse passo seja feito a quatro mãos, usando metodologias ágeis e que ajudam a chegar às ideias de forma colaborativa e rápida, como o *design thinking*.

Quando todos colaboram, a experiência se torna mais rica e criativa, contemplando todos os pontos de vista. Além disso, o trabalho conjunto gera engajamento nas equipes, que depois colocam as decisões em prática com gosto. Assim, para quem conhece o próprio público, o tiro é certeiro, mas funciona também com um público novo (como é o caso da borracharia do Leandro).

Com fãs no Brasil todo que admiram a forma como a empresa atua no mercado, a rede Criamigos é um bom exemplo. A loja de ursinhos de pelúcia funciona da seguinte forma: um atendente pergunta à criança seu nome e suas preferências, para estabelecer uma conexão entre os dois. A partir dessa conversa, a criança escolhe o bicho de pelúcia que vai "nascer" e vai até a máquina que o recheia com espuma. Em seguida, o colaborador leva a criança até a presença dos pais e pede que ela segure um coração de tecido, fale seu nome três vezes e faça alguns rituais para dar bastante vida ao bichinho, e então o coração é costurado no urso. Depois, há uma máquina para registrar o filhote com nome, data de nascimento e nome dos pais. Nesse momento a criança também pode optar por gravar com sua própria voz uma frase para ser dita pelo brinquedo.

Durante todo o atendimento, a atenção é exclusiva. O profissional orienta a criança e os pais durante todos os passos da jornada, até o pagamento no caixa, onde o urso de pelúcia sai dentro de uma caixa de papelão no formato de casinha, toca-se um sino e todos aplaudem seu nascimento. Além disso, ele ganha um convênio médico vitalício, para que, se precisar de reparos, a criança volte à loja.

120

Percebe a diferença que seria se a criança tivesse simplesmente entrado num local para comprar um bicho de pelúcia qualquer? O foco ali é a experiência, se envolver naquela mágica toda, ver o processo acontecendo, observar a participação dos pais. O momento certamente ficará eternizado no imaginário delas, e isso não tem preço.

Mais do que olhar para a jornada do cliente, criar uma metodologia ou ainda um departamento exclusivo, uma boa experiência é aquela que excede, que transcende, que grifa a marca na memória do cliente. O que você está fazendo para gerar uma experiência memorável para a clientela da sua empresa?

Se você já trabalha com cx – *Customer Experience* ou quer se aprofundar nesse tema, acho importante desmistificar alguns pontos:

- cx não é só para empresas grandes.
- Não é preciso criar um departamento específico para proporcionar uma boa experiência no seu cliente.
- cx não é o mesmo que atendimento.
- Uma boa prática de cx consiste em pensar com a cabeça do cliente, imaginando todas as interações que ele pode ter com seu produto ou marca.

Customer Experience é uma mudança de cultura. É passar a olhar cada processo, cada fluxo, cada funcionalidade do produto, cada serviço oferecido, com o olhar do cliente e sua experiência. Para isso muitas empresas criam uma área para orquestrar as mudanças dessa nova visão mas não pode se limitar a responsabilidade apenas a ela.

Se você acha que *Customer Experience* é muito complicado para sua empresa, calma, eu quero te encorajar a começar pelo caminho acessível: Comece pelo básico, identificando as principais dores, queixas ou incômodos dos clientes. A partir disso, organize numa planilha uma lista com esses pontos e faça um exercício com sua equipe de colocar na frente de cada incômodo as possíveis soluções. E então, na terceira coluna, defina as prioridades e os prazos. Melhorando os pontos de maior fricção e dor do seu cliente, rapidamente ele notará que a experiência melhorou e gerará um impacto imediato na satisfação deles.

Gerar experiências que se conectam emocionalmente com seus clientes pode elevar sua empresa a um novo patamar. Eu tenho certeza que sua empresa não quer ser lembrada por um mau atendimento ou um serviço ruim. Então a pergunta que fica e que te direcionará é: Pelo que sua marca deseja ser lembrada?

Quer começar a mapear a jornada do seu cliente?
Preparei um conteúdo extra com orientações e template básico e prático para você dar o primeiro passo nessa jornada.
Acesse o QR Code abaixo:

10

COMO DEIXAR SUA MARCA NO MUNDO?

Quero deixar uma marca no universo.
STEVE JOBS

Assim que comecei a escrever este livro e me lembrei da Rosa – mais precisamente no trecho sobre empresas que abraçam –, entrei em contato com ela para saber como estava. Fazia anos que não conversávamos. Para minha surpresa, ela me confidenciou que estava vivendo um momento desafiador. Imaginar que aquela mulher que tinha impactado tantas pessoas estava passando por um sofrimento intenso tocou fundo em mim. Tomei uma decisão: precisávamos retribuir para a Rosa tudo aquilo que ela nos tinha proporcionado ao longo de anos. Precisávamos retribuir os abraços.

Contatei os colegas da época e gravamos depoimentos de como ela tinha transformado nossas vidas, com a música que ela cantava sempre que começava uma reunião. Claro que com aquele gesto ela despertou para enxergar quantas marcas tinha deixado no mundo: por mais que os anos tivessem passado, todos os colaboradores que trabalharam ao lado dela relembravam as mesmas características – o abraço da Rosa, e, mais do que isso, sua preocupação constante em se certificar de que estávamos nos sentindo bem.

Com isso, me dei conta de que, talvez sem essa pretensão, a Rosa deixava sua marca no mundo através da repetição daquelas experiências, como num ritual matinal. Se outra pessoa fizesse aquilo, não seria tão genuíno: a característica de abraçar e acolher era única e exclusiva da Rosa. Era a marca registrada dela, porque aquilo estava alinhado com a sua essência.

Ao escrever o capítulo anterior, percebi o quanto a experiência do cliente pode ter um efeito poderoso, mas ela só se torna efetivamente uma marca quando é consistente, feita com naturalidade. Como no caso do vídeo que gravamos para a Rosa: vinte anos depois, quarenta pessoas se reuniram para falar sobre aquela experiência e todas compartilhavam da mesmíssima sensação.

A reflexão que eu gostaria de deixar para este momento é: quem vai depor a favor da sua marca daqui a vinte anos? Quem vai depor a seu favor? Ou, ainda, que história vão contar sobre a sua empresa daqui a vinte anos?

Pense em marcas que efetivamente cristalizaram sua importância na vida dos clientes. Outro dia, conversando com uma amiga, ela contou que até hoje, toda vez que vê um carrinho da Yakult, experimenta uma sensação de conforto. Isso porque, quando o Yakult começou a ser vendido, ele não era distribuído nos supermercados. Não adiantava querer um Yakult. Era preciso esperar a vendedora passar com o carrinho na frente da sua casa, naquele dia e horário determinados, para ter acesso ao produto.

Quando criança, ela passava pelo ritual de esperar ansiosamente no portão até ver a vendedora surgindo na esquina. A moça conhecia as pessoas da rua pelo nome, sabia quantas unidades cada um comprava e, depois de entregar os Yakults e um sorriso genuíno, seguia viagem pelas outras casas.

Fiquei me perguntando: esse efeito existiria se o produto tivesse sido comercializado nos supermercados desde o início? A magia estava justamente em despertar o desejo por aquela experiência, que não podia acontecer de outra forma. O consumidor *vivia* aquela experiência, e não apenas consumia um produto.

Isso é o que nos faz tão fãs de determinados produtos – e, quando essa paixão acontece, nada nem ninguém nos convence do contrário. Quando marcas capazes de suscitar esse sentimento são atacadas, é como se tivessem um exército por trás para defendê-las. O caso mais emblemático das últimas décadas é a Apple: a marca por si só gera tanto desejo – algo que beira o fetiche – que, ao entrar numa loja, além da experiência você tem acesso a um mundo à parte. Um universo ao mesmo tempo convidativo e tecnológico, que faz seus consumidores se sentirem pertencentes ao futuro. Não é à toa que os applemaníacos fazem fila antes de um lançamento e lotam as lojas após longas horas de espera.

Vê como a experiência é capaz de criar essa aura incontornável em torno de algumas marca? Se você foi criança no Brasil nos anos 1970 e 1980, vai se lembrar do slogan "não esqueça a minha Caloi". As campanhas da marca na época ganharam tanta força que era indiscutível: o sonho de consumo da criança brasileira era aquele produto, representado por um pai ensinando a filha a andar de bicicleta, simbolizando a família reunida. A marca foi construída em torno de uma cultura.

Existem dois tipos de lealdade: a lealdade comportamental e a lealdade atitudinal. A comportamental consiste em sermos leais a uma marca por conveniência, falta de opção ou necessidade. Sabe aquele estabelecimento que você sempre frequenta perto da sua casa porque não tem outra opção? Você vai lá não porque gosta, mas por conveniência ou necessidade. Já a lealdade atitudinal é aquela na qual você escolhe uma marca porque a ama, é apaixonado por ela e se esforça para poder comprar dela. Aquela marca que você defende e paga o boleto com gosto, porque tem um vínculo afetivo e emocional que vai além do produto. Marcas amadas são escolhidas por seus clientes e criam fãs.

Quando a experiência gerada é tão intensa e tem presença diária na vida das pessoas, a lembrança é muito mais poderosa. Pensando nisso, não dá para não citar a Disney, ainda que soe repetitivo. Há quase um século a empresa vem colecionando legiões de fãs por todo o mundo, e os eventos da marca foram e ainda causam grande impacto na cultura popular em geral.

Só que não precisa ir tão longe ou ter um investimento bilionário para consolidar uma marca. A Estrela, fabricante de brinquedos brasileira, também mobilizou gerações inteiras de fãs incondicionais. O nível de confiança gerado pela empresa era tão grande que os produtos, além de gerarem experiências diferentes entre si, eram garantia certa de qualidade. Era inquestionável que o brinquedo da Estrela era bom. Isso só acontece quando as pessoas que cuidam da experiência e do processo dentro da empresa estão ali há décadas mas carregam o mesmo entusiasmo e brilho nos olhos, preservando o DNA da marca para que isso não se perca no meio do caminho.

Conheci o Bruno Gobbato, que é responsável pelo relacionamento com o cliente da Estrela, logo no começo do ReclameAQUI. Quando ele abriu sua empresa de consultoria em 2001, a Estrela foi sua primeira cliente, e trouxe consigo um desafio enorme: na época, havia muitos problemas com a compra de ingressos para a Casa dos Sonhos Estrela, que, além de ser um museu da marca, oferecia brinquedoteca, teatro e outras atrações para a criançada. O volume de clientes querendo visitar era muito maior do que a lotação permitida, então o desafio não residia somente em reservar os ingressos numa época que mal havia internet, mas também em gerenciar a frustração dos que não conseguiam entrada para a sessão desejada. Mas Bruno me disse que, desde cedo, observar com bom senso o comportamento do cliente foi sua maior escola. A coisa deu tão certo que no ano seguinte ele foi convidado a assumir a operação de atendimento.

"Meu desafio é sempre buscar fazer as pessoas da organização pensarem e executarem suas ações do dia a dia em favor do cliente. A cultura de cliente da Estrela já é muito boa, e para manter a excelência é preciso que todos, do pessoal da linha de produção até o financeiro, tenham ciência de que influenciam na experiência do cliente, pois, em maior ou menor grau, há impactos negativos que podem ser minimizados se as pessoas tiverem claro o seu papel em relação ao resultado final, que é a realização do sonho das crianças", foi o que ele me disse certa vez, quando falávamos da reputação que a empresa tinha alcançado de forma consistente e permanente no ReclameAQUI.

Apaixonado por esse universo, ele defende que sua equipe precisa conhecer muito bem os produtos da marca: como são produzidos, qual a matéria-prima usada, como é feita a montagem, como são adquiridos os certificados. Para isso, criou um programa de treinamento chamado Mundo Estrela, no qual a equipe faz uma imersão de um dia na fábrica para conhecer absolutamente *tudo*. Além disso, seu time pode requisitar algum brinquedo para ver de perto, testar em casa com os filhos e a família, sentir o que o cliente sente na prática.

O fato de a Estrela ter se tornado uma marca tão grande está intimamente ligado ao conhecimento da própria missão por cada um dos colaboradores. Desde que atua na empresa, há quase duas décadas, Bruno sempre teve a clareza de que a missão da Estrela como fabricante de brinquedos era acompanhar a evolução das crianças e atender suas expectativas – e, é claro, satisfazer também os pais. Pensando no presente, é o caso dos elementos digitais que vêm sendo inseridos nos produtos: realidade aumentada, aplicativos que interagem com o produto físico, inteligência artificial. O sucesso, como não poderia deixar de ser, continua garantido. Outra frente bastante importante é a dos relançamentos de sucessos do passado, capaz de atingir dois públicos diferentes: pais, avós e tios querem comprar os produtos para si próprios, mas também querem presentear a criança e mostrar para ela como aquilo foi importante na sua infância e faz parte de sua memória afetiva.

Em geral, uma marca se consolida ou porque gera experiência positiva, ou porque tem algo único. O Fusca alcançou esse status absoluto, e até hoje os amantes do modelo o colecionam, se reúnem e eternizam a experiência de dirigir esse ícone da Volkswagen. A paixão pelo carro é tanta que virou até filme.

Eu mesma lembro quando meu pai teve seu primeiro Fusca. Eu e meus irmãos éramos crianças e nos divertimos muito apertados no banco de trás. Eles até hoje brincam que adoravam o cheiro de gasolina que vinha do motor...

Essa história é muito maior do que o carro apenas: o Fusca deixou uma marca importante na vida de muitas famílias, gerando mais do que experiência. Meu pai já não dirige muito, mas ainda mantém seu Fusca na garagem. Preciso dizer mais alguma coisa?

A partir do momento em que se cria uma conexão profunda com o consumidor, a marca fica eternizada. Mas isso leva tempo.

Em 2021, a Nestlé comemora o centenário de sua atuação no Brasil. Quando começou a operar aqui, o único canal de atendimento era a caixa postal, e era muito comum que as donas de casa enviassem cartinhas para a Nestlé pedindo livros de receitas ou apenas para elogiar o Leite Moça. Essa foi uma fase muito romântica do atendimento: os clientes faziam um grande esforço para abordar as empresas e criar um relacionamento.

Quanta coisa mudou de lá para cá, não é mesmo? Muitas marcas conseguiram eternizar seu atendimento, enquanto outras machucaram demais a relação com os clientes. Você já deve ter ouvido alguém dizer:

"Ah, tempo bom em que a empresa x fazia isso... Hoje nem quer saber da gente. Somos só mais um número!".

Empresas encantadoras se preocupam com a imagem que passam, com a experiência que criam e com a mensagem que deixarão para o futuro. Comecei a estudar como isso funciona nas marcas pessoais, muito presentes hoje na internet, e notei que infelizmente muitas adotam a comodidade de uma fórmula-padrão de sucesso e perdem a oportunidade única de criar algo singular. Às vezes parece que estamos ouvindo sempre a mesma coisa, com o mesmo roteiro, só que de pessoas diferentes...

Você já deve ter visto o gesto do coach e escritor norte-americano Tony Robbins ser copiado por milhares de outros coachs pelo Brasil afora. Quase toda palestra motivacional começa com música alta, uma entrada triunfal do palestrante e aquele repertório que a gente já conhece e sabe que é marca registrada do Tony. A sensação que fica é de déjà-vu.

Não há nada de errado em se inspirar em modelos e referências que dão certo, mas uma coisa que aprendi é que a verdadeira beleza, nossa pedra preciosa a explorar, é a diversidade. Ninguém é igual a ninguém.

Em especial neste mundo tão volátil, em que tudo acontece tão rápido, é cada vez mais raro nos depararmos com experiências verdadeiramente marcantes. Os detalhes para que uma conexão seja estabelecida e eternizada se perderam em meio a tanto imediatismo. Quem não se lembra da experiência de receber em casa a consultora da Avon, fazer aquelas reuniões de demonstração de produtos, tomar um cafezinho, conversar e, por que não, comprar uns produtos do catálogo? Era legal demais! Esse modelo é um sucesso, uma referência da importância do relacionamento com o cliente nas vendas. Sempre existiram outros catálogos, mas nenhum superou o patamar que a Avon alcançou com suas revendedoras treinadas e apaixonadas pelos produtos.

Há também marcas que se tornam parte da nossa vida porque criam conceitos que dão nome a todo um segmento, como é o caso das Havaianas. As pessoas não dizem "vou comprar um chinelo", mas sim "vou comprar uma Havaianas". E, por mais que adquiram um chinelo de borracha no mesmo estilo, sempre dirão que se trata de uma "Havaianas".

Depois desse passeio pelo túnel do tempo, talvez você esteja se perguntando: "Então, para imprimir a minha marca, preciso fazer como antigamente?". Nada disso! A palavra mágica aqui é *conexão*.

Veja o caso da Starbucks. Desde o princípio a marca se pautou por um diferencial no atendimento ao perguntar o nome dos clientes e escrevê-lo à mão no copo (não raro acompanhado de desenhos ou outras intervenções graciosas). Servindo cafés diferentes, totalmente personalizáveis (quem nunca descobriu um segredo no cardápio e saiu contando para os amigos?), a rede conquistou inclusive adolescentes, que passaram a apreciar café – ou melhor, apreciar as bebidas da Starbucks, que são um evento à parte. A cafeteria virou um ponto de encontro deles.

Quando fui pela primeira vez aos Estados Unidos, eu sabia que estávamos passando perto de uma Starbucks pelo cheirinho de baunilha marcante que exalava do café sendo preparado. E isso está totalmente alinhado com a missão deles: "Inspirar e nutrir o espírito humano – uma pessoa, uma xícara de café e uma comunidade de cada vez". Entendeu o que quero dizer com conexão? E isso vale inclusive para negócios escaláveis – a empresa informa em seu site que em 2019 havia mais de 30 mil lojas atuando em oitenta mercados.

Sem dúvida nenhuma, isso passa por definir muito bem aonde a empresa quer chegar, qual marca quer deixar e quais processos garantirão isso. Se você tem uma pizzaria, por exemplo, invista na criação de uma marca registrada, algo que a diferencie. Existem alguns estabelecimentos que convidam as crianças para fazer suas próprias massas, amassando farinha e água com suas mãos pequenininhas. Outro toque muito aconchegante é servir o café em pequenos coadores individuais na mesa do cliente. O cheirinho de café sendo passado é irresistível!

Sou cliente fiel de uma pizzaria que fica perto da minha casa cujo logotipo leva o rosto do fundador e a seguinte frase: "Só mostra a cara quem conhece o produto que tem". Parece uma tirada engraçada, não é? Mas condiz com a postura da empresa, que se esmera para resolver rapidamente qualquer problema, porque falhas podem acontecer. Não é à toa que o local tem quase trinta anos de existência, com qualidade ímpar. Ah, e um produto único: a pizza é retangular!

A maior lição disso tudo é que conexão não se ensina, se vive. Ser *você* é intransferível. Esse poder é só seu. No fechamento deste capítulo, eu não poderia deixar de lembrar mais uma vez do abraço da Rosa, tão importante naquele momento da minha vida e na dos meus colegas. Quando todas as empresas se preocupavam em reduzir custos pessoais, o acolhimento da Rosa era tão fundamental como o da DPaschoal como um todo, que investia na Fundação Educar para formar jovens com uma visão de mundo diferente. Os frutos que isso rendeu são maravilhosos.

A intenção deste capítulo não era oferecer uma receita ou uma fórmula, mas abrir seus horizontes para um novo nível de consciência. Mais uma vez, recomendo que você invista seu tempo para definir como deseja eternizar a presença da sua empresa na vida das pessoas. Alie isso a uma cultura sólida e amplamente difundida, processos bem delineados, boas contratações e experiências memoráveis.

Você deixa sua marca no mundo quando assume a melhor versão de si mesmo, quando deixa que a sua essência transborde, quando não tem vergonha de se posicionar ou medo de ser julgado. Como também me disse o Bruno Gobbato, da Estrela: "O cliente não te ama ou te odeia no início do relacionamento. Cabe a você, como empresa, provocar esses sentimentos, com produtos de qualidade, bom atendimento, inovação, relacionamento próximo e respeitoso. Se nossos clientes se identificam até hoje com os valores da empresa e com o que construímos, é porque o sentimento de carinho é mútuo".

Mais que *ter* uma marca, trata-se de *deixar* uma marca na vida das pessoas. Esse é o maior legado que uma empresa pode criar.

11

A VULNERABILIDADE QUE CONECTA

A vulnerabilidade é a nossa medida mais precisa de coragem.
BRENÉ BROWN

Imagine a seguinte situação: todos os restaurantes da cidade estão fechados numa data de grande movimento, quando historicamente todos fazem filas ou reservas para jantar fora. Imagine que esse dia caia numa sexta-feira de inverno, enquanto o mundo está enfrentando uma situação de pandemia, com as pessoas isoladas em suas casas. Só que mesmo assim essas pessoas decidem comemorar, encomendando o jantar por serviços de delivery. No entanto, nesse dia, o aplicativo que reúne a maioria dos restaurantes sai do ar – e deixa as pessoas passando vontade.

Sei que isso parece absurdo, totalmente hipotético, mas saiba que aconteceu no ano de 2020, mais precisamente no Dia dos Namorados – o primeiro que trazia uma nova dinâmica de vida: muita gente em quarentena, respeitando o isolamento social defendido pelas organizações internacionais de saúde a fim de conter o contágio do novo coronavírus. Nesse 12 de junho, a instabilidade do aplicativo de comidas mais famoso não perdoou os casais: eles podiam até ter dinheiro no bolso, mas não tinham como colocar uma refeição especial na mesa.

É claro que, diante dessa situação totalmente imprevisível, a empresa tomou sua providência. Em vez de sair pela tangente e evitar chamar a atenção, foi a público no dia seguinte, enviando um comunicado para toda a sua base de usuários.

Ontem (12/06), a plataforma do iFood apresentou instabilidade por duas horas, impactando consumidores, restaurantes e entregadores. Sabemos que isso gerou frustração nos planos de todos os envolvidos no processo e, por isso, pedimos desculpas.

As operações foram normalizadas, e agora nosso foco está nas ações que tomaremos para minimizar os impactos desse erro e garantir que isso nunca mais aconteça.

Nossos times trabalham todos os dias para que a experiência de todo o ecossistema seja a melhor possível. Ontem, erramos, ficamos frustrados e estamos inconformados com o fato. Seguiremos comprometidos a aperfeiçoar nossa forma de operar para levar sempre o melhor resultado a todos.

Diante desse comunicado, qual a sua percepção sobre a marca? Você continuaria comprando dela? Se a resposta for "sim", saiba que foi exatamente esse *mea culpa*, aliado ao pedido de desculpas – trazendo à tona a vulnerabilidade, a frustração, o inconformismo –, que levou a maior parte dos usuários a se conectar ainda mais com a marca.

Este capítulo tão especial trata de algo que quase nunca é levado em consideração na postura de uma marca ou uma empresa, mas que faz uma diferença danada na conexão com as pessoas: a vulnerabilidade.

Essa palavra bonita caiu na boca do povo depois que a professora e palestrante americana Brené Brown apresentou um TED sobre o assunto em 2010 – que já acumula mais de 50 milhões de visualizações. Todos os seis livros da autora entraram para a lista de mais vendidos do *New York Times*. Em 2019, em parceria com a Netflix, lançou o precioso *The Call to Courage* – aliás, se não assistiu, assista! O que ela diz, basicamente, é que não há problema em errar, desde que você assuma suas falhas e admita que não sabe tudo.

Voltando ao caso do iFood, é evidente que a plataforma jamais imaginou que haveria tantos pedidos naquela noite. E o texto das desculpas, bastante oportuno, pareceu seguir à risca o manual de Brené Brown: para assumir a pisada de bola e lidar com a própria vulnerabilidade, a empresa demonstrou muita coragem e coerência com os valores que prega.

Sabe a desconfiança que sentimos quando vemos algo perfeito demais, como se houvesse algum defeito muito bem escondido? Pois é, muita empresa faz de tudo para esconder esse defeito e mostrar que todos os processos são infalíveis. Mas vou contar algo que aprendi em todos esses anos à frente de uma plataforma de reclamações: nem sempre o que o cliente quer é o ressarcimento ou algo muito extraordinário. Às vezes é só um pouco de atenção, que a empresa admita que errou. O bom e velho pedido de desculpas.

A reputação de uma marca sempre pode sofrer abalos. Isso é absolutamente normal, e quando a empresa assume é como se "descesse do salto" e mostrasse que não é perfeita, que sabe que errou. Então, em vez de destruir sua confiança, leva as pessoas a confiarem ainda mais nela.

Esse assunto me lembrou de mais uma história. Logo que a internet discada começou a se popularizar no Brasil, a empresa espanhola Telefónica apareceu oferecendo um serviço chamado Speedy, que prometia ser uma solução eficaz – um aparelho que traria internet boa e rápida para todos, por um preço baixo. A adesão foi tanta que a operadora se viu incapaz de entregar tudo aquilo que tinha prometido.

No fim das contas, a empresa foi autuada e percebeu que precisava dar uma pausa para melhorar o serviço oferecido antes de vender mais. Quando se enxerga isso, qualquer negócio nas mãos se torna uma grande oportunidade para reconquistar os clientes. Todo mundo erra, então sempre há o que melhorar. Ao dizer "crescemos muito em pouco tempo", a Telefónica admitiu que não estava preparada para a operação no Brasil, e a sinceridade ímpar nesse posicionamento aumentou a confiança do cliente.

Pedir desculpas dá margem para assumir o erro, mas não é toda empresa que costuma fazer isso. Certa vez, uma moça que participou dos meus treinamentos disse que era responsável pelo atendimento de uma marca que jamais pedia desculpas aos clientes. A empresa era uma gigante mundial, então toda resposta precisava passar pelo departamento jurídico. A mulher confidenciou que se sentia de mãos atadas.

Agora imagine você: o departamento jurídico é formado por advogados preparados para preservar e defender a empresa, e para isso precisam estar armados para o combate. Nesses casos, não podem demonstrar emoção, para que não haja margem para negociação, e a empatia só é observada no momento de pensar em como a parte poderá reagir a cada seta atirada.

Essa postura, cada vez mais condenada pelos clientes, tem caído em desuso, justamente porque não conecta as pessoas. E, com todo o respeito aos nossos colegas advogados, nós sabemos que o jurídico combatente está com os dias contados. A mediação de conflitos veio para ficar e mostra ser o caminho mais barato, mais eficaz, com menos esforço e o único em que as duas partes ganham, em oposição ao processo judicial.

Ainda há departamentos jurídicos nesses velhos moldes que, responsáveis pelo passivo jurídico da empresa, impactam diretamente as relações de consumo, porque têm pouca ou nenhuma disposição para renunciar a algo em favor do entendimento e do resgate de um cliente insatisfeito e quase perdido.

É claro que um pedido de desculpas não resolve o problema, mas abre as portas para a conciliação. Pode perceber: quando você briga com alguém e uma das partes pede desculpas, ela abre portas para o diálogo. Dentro de uma empresa, isso significa evitar uma ação judicial.

Uma aluna minha que trabalhava numa loja de material de construção certa vez contou uma história terrível relacionada a esse assunto. Durante uma entrega de barras de ferro, um grave incidente aconteceu: por descuido, uma delas caiu no chão, sobre o cachorro da cliente, que estava por perto. O acidente foi fatal. Quem tem um animalzinho de estimação pode imaginar a dor que a dona do cão sentiu. Devastada e chorando bastante, reclamou para a empresa, numa situação de absoluta desolação.

O dono da companhia se reuniu com toda a equipe e sugeriu dar um cachorro da mesma raça para ela, a fim de reparar o dano. Por sorte, uma colaboradora interrompeu a discussão e levantou um questionamento: "Ela não vai ter o cachorro de volta. A questão não é comprar um cachorro. É reconhecer que erramos, pedir desculpas e perguntar a ela o que podemos fazer".

Iniciou-se uma discussão. O empresário imaginou que, se isso acontecesse, se desculpar e admitir o erro talvez colocasse tudo a perder, porque a mulher poderia pedir uma fortuna de indenização. Só que essa colaboradora pediu uma chance e ligou pessoalmente para a cliente. Na conversa, disse que sentia muito e, como também tinha um animal de estimação, não conseguia nem imaginar a dor que ela estava sentindo. Depois, perguntou de forma direta: "Nos lamentamos muito a sua perda e gostaríamos de saber se podemos minimizar sua dor de alguma forma". A cliente pensou a respeito e fez uma proposta: "Talvez eu me sinta reconfortada se organizarmos uma feira para adoção de cachorros". A feira aconteceu, os cachorros foram doados e, na ocasião, a mulher adotou um cachorrinho que a encantou.

A intenção dela não era encontrar culpados, e sim validar a sua dor. Para ela, o mais importante era que a empresa entendesse de verdade o quanto ela tinha sido machucada por aquele acidente. É inevitável comparar essa história com o ato de covardia de uma grande rede de supermercado ao não assumir o erro quando um cachorro vira-lata foi morto por um segurança dentro do estabelecimento – a retratação só veio depois que a mídia repercutiu o caso.

Outro ponto importante é fazer o pedido de desculpas o mais rápido possível, porque a demora pode ser crucial. Um bom exemplo é o caso emblemático de danos materiais protagonizado pela companhia United Airlines. Em março de 2008, um músico canadense teve seu violão danificado durante um voo nos Estados Unidos. Como ele não percebeu as avarias no momento em que pegou o violão e só reclamou depois, a companhia aérea se recusou a pagar o valor do conserto, equivalente a 1.400 dólares. Cansado de esperar por uma resolução, o homem decidiu fazer uma música sobre o caso, intitulada "United Breaks Guitars" (A United quebra violões). Em julho daquele ano, quatro meses depois do incidente, a empresa não tinha se posicionado, então ele postou um clipe da música. No clipe, atores vestidos como funcionários de aeroporto arremessam cases de violão. Nem preciso dizer que o sucesso do vídeo foi imediato. Em pouco tempo, acumulou mais de 4 milhões de visualizações – um número impressionante, que inclusive rendeu ao cantor uma participação no programa da Oprah Winfrey.

O homem fez do limão uma bela limonada: sua banda ficou entre as mais tocadas do iTunes no Canadá e a fabricante de violão ofereceu a ele um novo instrumento. O vídeo ainda acabou sendo usado em treinamentos internos da companhia sobre atendimento ao cliente. É por isso que insisto que deixar algo simples sem resolução pode resultar em uma bola de neve.

As companhias aéreas em geral precisam lidar com problemas inesperados. Um cliente de uma dessas empresas aqui no Brasil contou que certa vez estava iniciando uma viagem de férias para o Nordeste e o voo foi cancelado. A família toda, extremamente cansada e frustrada com tudo aquilo, teria de ficar no aeroporto durante as três horas seguintes. No balcão, a atendente disse que aquilo os tinha deixado comovidos, então pediu desculpas e entregou ao homem um cheque de 3 mil reais para ressarci-lo pelo inconveniente.

Mas o pedido de desculpas sempre vale mais que o cheque – nesse caso, o cheque foi um presente excelente, mas saber que a empresa se importa com ou bem-estar do cliente é reconfortante.

Por falar em conforto, minha mãe sempre dizia que café é algo que traz um quentinho pra dentro da gente. Aliás, não tem nada mais gostoso que aquele cafezinho no meio da tarde ou no começo do dia. Eu adoro um bom café, mas ele precisa estar quente! Uma vez, pedi um macchiatto numa cafeteria e a bebida veio morna. Como estava com pressa, tomei, porém antes de ir embora pensei: "Eu preciso dizer para eles que não gostei, assim podem melhorar da próxima vez". Fui até o balcão para expliquei o que tinha acontecido e disse: "Fiquem atentos ao servir outros clientes". A resposta, para mim inesperada, foi: "A temperatura do nosso café é essa, senhora".

Talvez aquela até fosse de fato a temperatura em que eles costumavam servir as bebidas, mas, se para um cliente não estava legal, o ideal teria sido ouvi-lo, agradecer o feedback e dizer que vão melhorar da próxima vez. Hoje vejo que, se me respondessem dessa forma, eu certamente retornaria à cafeteria, mesmo tendo enfrentado esse problema.

Não tenha medo de pedir desculpas! Mostrar as vulnerabilidades gera aproximação e conexão com os clientes, deixando a empresa mais humana.

Restaurantes e estabelecimentos do tipo, que servem comida e precisam operar com bastante agilidade, correm um risco tremendo na correria do dia a dia. Dia desses, aproveitando a folga merecida do fim de semana, uma amiga foi a um restaurante fino e pediu um risoto com salmão. O risoto estava delicioso, mas o salmão, seco por fora e gelado por dentro, ela não conseguiu comer. Como não estava interessada em reclamar, simplesmente o deixou no prato.

Quando o garçom tirou a mesa e devolveu a louça à cozinha, o chef notou que o peixe estava intocado e foi até a mesa da cliente perguntar o que havia acontecido. Depois que minha amiga explicou a situação, ele imediatamente a convidou para voltar outra noite. Por causa daquela postura, ela retornou ao local e teve uma nova experiência gastronômica. E mais ainda: porque o estabelecimento admitiu o erro, a confiança dela no lugar só aumentou. Vamos combinar, toda cozinha está sujeita a erros, já que padronizar a qualidade dos pratos oferecidos não é uma tarefa simples.

Toda a minha experiência em atendimento me ensinou que tentar passar a imagem de que está certo ou fingir que não errou é ainda pior que cometer o erro em si. É muito mais bonito reconhecer prontamente as falhas do que ser descoberto depois. E mais: quando você faz o *mea culpa*, revela a faceta mais bela que uma companhia pode ter: o lado humano.

Preciso confessar a você expor minha vulnerabilidade ainda é um exercício diário para mim. Desde que me conheço por gente, me cobro muito para entregar as coisas no melhor estado possível e sem falhas. Então, quando algum erro acontece, por menor que seja, me derruba. No início da minha carreira eu tentava evitar o confronto com o erro, mas a vida se encarrega de nos dar lições que não se aprendem na faculdade.

O maior erro da história da minha vida profissional aconteceu quando eu estava trabalhando na Embracon. Eu era responsável por efetivar o cancelamento do consórcio de clientes inadimplentes, que acontecia depois de duas parcelas em atraso. Como fazia aquilo todo dia, operava quase que no automático: iniciei a rotina de cancelamento, fiz uma simulação e constatei que estava tudo certo. Quando dei o comando para efetivar, estranhei, porque a operação demorou mais do que o normal. Cheguei a pensar que o sistema estava lento, mas, quando o processo acabou, olhei o número de cancelamentos e senti as pernas bambearem. Eu tinha cancelado os consórcios de clientes com uma parcela em atraso, em vez de duas – inclusive aqueles cujos boletos tinham vencido no dia anterior. Aquilo era um verdadeiro caos, que geraria um problema sem precedentes.

Comecei a chorar descontroladamente. Estava furiosa comigo mesma e sabia que não conseguiria desfazer aquilo sozinha. Pedi a ajuda da minha chefe, que me trouxe um copo de água e me tranquilizou. Mas não era hora de lamentar: corri para o telefone e liguei para o executivo responsável pelo sistema para tentar desfazer a besteira.

"Tem como reverter automaticamente?", perguntei, desesperada, mal conseguindo elaborar uma frase.

As palavras dele soaram como um abraço naquele momento de extrema vulnerabilidade: "Gisele, a gente não consegue desfazer um erro, mas dá para consertar e fazer certo daqui para a frente". Como não havia uma forma automática de reverter aquilo, entrou em cena o trabalho em equipe, demonstrando a força da cooperação mesmo quando a falha é cometida por um colega. Fizemos um mutirão, e todos os meus colegas de departamento pararam o que estavam fazendo para me ajudar a reativar os clientes manualmente. Lembro que ficamos um pouco além do expediente fazendo isso.

Nada como ter bons amigos e parceiros de trabalho, não é? Ufa!

Daquele erro ficou o aprendizado. Assumi a minha responsabilidade na história, e ter de reparar o erro daquela forma me fez criar segurança para não falhar outra vez. Descobri, na dor, que todo mundo erra, e que o mundo não vai acabar por causa disso. Pelo contrário: se você se mostra na sua vulnerabilidade, pessoas aparecem de todos os lados para dar apoio.

Errar é humano, mas fingir que não errou é leviano. Lembre-se disso.

E quando você precisa dizer não ao cliente?
Preparei um vídeo para te orientar a fazer isso da melhor forma.
Acesse o QR Code abaixo:

12

O PESO DA LIDERANÇA

Se quer ir rápido, vá sozinho. Se quer ir longe, vá acompanhado.
PROVÉRBIO AFRICANO

Lá estava ele, o presidente da empresa, caminhando pelo corredor usando terno e gravata, quando foi surpreendido por um colaborador bem jovem, que acenou para ele entusiasmado: "Vai Corinthians!". Em meio às expressões de constrangimento de quem estava assistindo à cena, aquele líder tinha a opção de repreender o rapaz, fazer uma cara séria ou responder à altura como quem diz: "Você sabe com quem está falando?".

Agora, me responda: Na sua opinião, qual foi a reação do líder de que estamos falando?

A verdade é que, quando se fala de Acácio Queiroz, um dos meus mentores em liderança, a resposta não podia ser diferente. Lá foi ele abrir um sorriso e responder, em alto e bom som: "É nóis, mano!".

A reação gerou surpresa, mas fez todos rirem da cena e reforçou sua reputação de líder humano, transparente e empático. Diferente dos chefes inacessíveis, que jamais interagiriam com um estagiário dessa forma.

Conheci o Acácio quando eu já empreendia com o ReclameAQUI e ele logo se tornou uma referência para mim. Ele trabalhava com consultoria no ramo de seguros, e eu achava fantástico ele tratar a todos com o mesmo respeito, desde o manobrista até o presidente da empresa. Certa vez, quando comentei isso com ele, recebi a seguinte resposta: "Humildade é a coisa mais importante num líder. Isso requer que tenhamos consciência de amor ao próximo. E, se você tem amor, trata todas as pessoas bem, e isso faz com que você seja transparente".

Essa postura explica a atitude de brincar sobre o time de futebol num contexto empresarial. Quando faço meus treinamentos e abordo a importância do carisma, sempre ressalto que carisma não tem a ver com você, e sim com a maneira como você faz as pessoas se sentirem.

O segundo fator que faz diferença ao transformar alguém em um líder inspirador é o comprometimento. As pessoas não seguem líderes descomprometidos. Seja comprometido com sua equipe e ela será comprometida com seu cliente. Essa qualidade sempre foi um grande diferencial do Acácio. Ele me dizia que o maior comprometimento do líder tem que ser com a verdade. "Gisele, só te fazem crescer as pessoas que te dizem a verdade. Aqueles que falam o que você quer escutar são bajuladores."

O líder deve ser comprometido com a motivação e com o crescimento da sua equipe. Se necessário for, ele precisa se dedicar a cada indivíduo em especial para entender o que gera demanda, de qualquer tipo, na empresa.

Não tem nada mais eficiente para uma equipe do que ser liderada por uma figura com quem se possa contar, que não desista quando o barco parece afundar, que saiba exigir e ponderar nas horas certas, sempre inspirando por meio do exemplo.

Já falei aqui sobre o Juarez, que foi um grande líder na minha vida, e uma das principais coisas que aprendi com ele foi sobre a generosidade nessa posição. Não tem a ver com receber, mas com doar. Doar conhecimento, tempo, acolhimento. E tudo retorna por acréscimo a você e aos seus clientes.

Quando eu observava o Juarez e sua maneira de encantar os colaboradores, percebia que, além de ser justo e transparente, ele ouvia as dores e as necessidades de todo mundo. E elogiava as pessoas, trazendo sempre os nossos pontos fortes à tona.

Eu ficava admirada ao ver que ele era parceiro de todos nós e ajudava com treinamento ou conversas, sempre incentivando nossa capacidade de criar e inovar. Foi ele quem me disse que não se consegue tirar o máximo de produtividade de um liderado se ele não está engajado na causa.

"A cabeça tem ligação direta com o bolso", ele dizia. E reforçava que o líder deveria sempre trazer oportunidades, demonstrar confiança e delegar. Cuidar das pessoas fazia parte do DNA do Juarez. Perdi a conta de quantas vezes ele cuidava do meu bem-estar por saber que eu trabalhava em São Paulo e morava em Campinas. A preocupação dele era genuína.

Durante minha carreira como liderada, sempre me inspirei em pessoas que estivessem próximos a mim. Quando me tornei líder, comecei a aplicar no dia a dia tudo aquilo que eu tinha detectado, mas entendi que tão importante quanto todos aqueles pontos era saber tomar iniciativas.

Ter iniciativa para resolver problemas, lutar pela equipe e pelo cliente, ter coragem de fazer o que precisava ser feito, diante de tantas demandas do dia a dia, era algo que eu precisava aprimorar. Um dos grandes desafios de um líder comprometido com a equipe é justamente saber o que fazer e em que momento. Isso é essencial, independentemente do negócio que tenha.

O primeiro colega de trabalho a gente nunca esquece, não é mesmo? No meu primeiro emprego eu logo fiz amizade com a Marli Santos, e naquele momento foi ela quem me ensinou tudo o que eu tinha que saber, não apenas sobre minhas atividades, mas sobre o mundo corporativo. A Marli não era minha chefe, porém naquele início de carreira ela foi uma líder que me inspirou. Marli me ensinou sobre produtividade × qualidade, sobre ter foco para obter resultados e, por muitas vezes, me deu feedbacks difíceis, mas que me fizeram melhorar. Eu sou muito grata a Marli por isso!

Nos tornamos amigas, cúmplices de uma amizade que ia além do trabalho. Lembro de a Marli ligar para minha mãe para dizer o que gostaria que eu levasse para ela comer no dia seguinte.

Na época eu lia muito, aproveitava os trajetos de ônibus, o horário de almoço; qualquer folguinha que tinha, eu estava lendo. E Marli se apaixonou pelo livro que eu não tirava das mãos, *O mundo de Sofia*, de Jostein Gaarder, que conta a história da filosofia. Ela gostou tanto da personagem que batizou sua segunda filha com esse nome.

Trabalhamos lado a lado alguns anos, mas a empresa foi crescendo e foram nos dando responsabilidades diferentes. Até que chegou um momento em que me tornei sua líder. Quando isso aconteceu, minha maior preocupação foi permitir que a Marli também crescesse. E eu estava disposta a ajudá-la no que fosse preciso. Chamei-a para uma conversa, perguntei o que ela gostaria de fazer, se tinha algo diferente que almejava, qual era o seu plano de futuro. Para minha surpresa, com muita tranquilidade e segurança, ela respondeu: "Adoro o que faço, estou bem onde estou". E, de fato, a Marli era exemplar em tudo o que fazia e faz até hoje.

Essa experiência com a Marli me mostrou mais uma grande lição: muitas vezes os líderes cometem o equívoco de fazer seus liderados "crescerem" na empresa, e esse crescimento traz demandas que não são exatamente o ponto forte das pessoas. Elas alcançam posições mais altas, ganham outras responsabilidades e perdem aquilo que as fazia feliz.

Um líder deve respeitar esse desejo do colaborador e ajudá-lo a ter o melhor desempenho possível dentro de sua área de atuação.

No caso da Marli, foi só uma questão de tempo: sua competência falou mais alto, ela se desenvolveu e hoje é gerente do SAC – e continua amando o que faz.

Mas o que efetivamente mudou minha forma de liderar foi algo que aconteceu na prática. Quando eu liderava o call center, muito jovem ainda, tínhamos desafios gigantes para resolver e problemas a destrinchar na Central de Atendimento. Havia inclusive um consultor contratado para nos apoiar. Muito racionalmente, comecei a me concentrar nos números, nos resultados, e a mexer nas pessoas como peças de um xadrez. Passava dias inteiros em reunião com o consultor, olhando números. E comecei me distanciar das pessoas.

Até que um dia, com excelentes resultados e números consideráveis comprovando o que, na minha visão de então, chancelavam meu papel de boa líder, recebi um feedback que me levou ao chão. O presidente me chamou para ler o resultado de uma pesquisa de clima e me mostrou um feedback sobre a minha liderança. Uma pessoa, sim, uma pessoa, tinha apontado tantas discrepâncias no meu comportamento que eu percebi que precisaria mudar.

Imediatamente comprei o livro *O monge e o executivo,* de James C. Hunter, e essa leitura abriu minha mente no que diz respeito a liderar para servir. Lembro quando fizemos uma dinâmica na empresa e um colaborador me perguntou: qual o seu desejo atual aqui na empresa, Gisele? E eu respondi: ser uma líder servidora. Eu estava obstinada a melhorar.

Foi nesse período que a Cristina Coimbra entrou na minha vida. A empresa disponibilizava para a alta liderança um coach para nos apoiar no desenvolvimento como líderes. E a Cris se encaixou como uma luva. Eu precisava receber um direcionamento de alguém de fora do processo, e posso dizer, sem sombra de dúvida, que o trabalho dela foi decisivo na minha carreira. Um ser humano fantástico, que me tirou do mundo de Alice e me fez questionar: "o que é ser uma líder melhor?".

Eu dizia que queria ser mais assertiva, servir, inspirar e encontrar o equilíbrio entre resultados e pessoas. Queria ser reconhecida por isso e merecer mais confiança por parte da minha equipe.

Desde que comecei a fazer o coaching com a Cris, prometi para mim mesma que seria uma pessoa melhor, uma líder melhor. Eu queria que as pessoas se sentissem bem trabalhando comigo.

Ela dizia que eu tinha muitas competências, e me fez enxergar que havia em mim muita energia de realização, que eu sabia me comunicar bem. Ainda me lembro de ouvi-la:

– Gisele, você olha para a vida com entusiasmo. Não olha com preguiça. Às vezes, te observo e percebo uma criança que está num parque de diversões à noite e fica perplexa diante de uma roda-gigante, sentindo que tem ali um convite para você. Você pode ter medo de ir na roda-gigante. Medo de altura. Medo de não dar conta, mas você vai. Você aceita os desafios. Você não se nega. Essa é a sua maior característica.

A Cris me ajudou a encontrar os picos e os vales. As travas, os motivos errados. E ela me ajudava a me posicionar na vida. Assim, eu entendia que estava comprometida com a minha aprendizagem e minha iluminação. Com a sua orientação, passei a entender que a iluminação não é um negócio que se aprende num mosteiro. Cada insight e cada caminho que eu abria era um ganho de consciência e eu me comprometia com isso.

Quando eu me deparava com medos, rancores, carências e feridas emocionais, precisava fazer o passo a passo para superar isso. E isso me fez caminhar.

Ao lado da Cris percebi como era importante fazer a lição de casa: avaliar meu desempenho e o dos outros.

– Você faz a gestação dos medos e das fragilidades para se superar. Você é corajosa, inconformada, comprometida com a aprendizagem de vida. E, quando eu falo inconformada, não entenda errado. Você é capaz de nutrir os relacionamentos encontrando um caminho do meio para que a relação fique boa. Você sabe atuar para atingir essa conformidade no cenário com as pessoas, percebendo quando o brilho, a alegria e o entusiasmo estão minguando. E está custando caro demais.

Nos momentos em que eu perdia o sentido de caminhar, procurava a Cris para me reencontrar.

Naquele período aprendi a ser uma líder generosa e grata, a agradecer as pessoas que tinham me ajudado a caminhar. Mesmo que o processo tivesse sido doloroso. Foi assim que passei a entender que o segredo dos relacionamentos humanos era não medir esforços para enxergar as pessoas com generosidade.

Quando acabamos o processo, ela me disse algo que carrego para a vida:

– É muito fácil trabalhar com você. É um presente. Porque, de fato, você aceita segurar na mão e depois vai segurando na mão das pessoas também. Me senti parteira todas as vezes que trabalhei com você. Parteira de um parto com você mesma. Você sempre aceitou as etapas do parto e nascia renovada em cada final.

Depois daquele processo, eu efetivamente renasci. Não apenas como líder, mas como pessoa.

Não é fácil ser um líder humano. Na prática, esse tipo de líder pode ser muito criticado. Tudo tem ônus e bônus, e uma coisa é certa: será muito difícil agradar a todos. O mais importante, porém, é o equilíbrio, o respeito, a inspiração, e não esquecer que, se você não serve às pessoas, a quem vai servir como líder?

Existem três atitudes simples que os líderes com foco no cliente devem observar:

1. Atender clientes: o atendimento a clientes é uma área muito rica. Se as pessoas se dessem conta disso, toda empresa teria a rotina de colocar seus líderes pelo menos uma vez por semana no SAC para ouvir os clientes. Uma horinha do dia na semana não iria matar ninguém e geraria ganhos absurdos. Você não só aprende, como abre um catalisador de ideias e sugestões para melhorar seu produto ou serviço. E o mais importante: você demonstra pelo exemplo o quanto valoriza o tempo com o cliente. Tive a oportunidade de implantar esse tipo de ritual em algumas empresas, e o resultado foi fascinante.

2. Reconhecer boas atitudes: o líder deve reconhecer publicamente as boas iniciativas e as atitudes que geram satisfação e encantamento do cliente. Toda vez que você reconhece em público, está passando a mensagem de que aquilo deve ser repetido. E, se começa a ser repetido, vai ser incorporado pela cultura. Acho muito legal empresas que fazem o "Elogiômetro", que é um mural com elogios recebidos de clientes. Pode ser um mural digital, compartilhado com toda a empresa.

3. Priorizar o cliente: o líder orientado para o cliente sempre coloca este em primeiro lugar. Em qualquer situação: seja na priorização de um projeto, seja numa reunião que é interrompida para atender o cliente, seja ao botar a mão na massa em ações que visam encantá-lo. O cliente sempre é mais importante que o processo em si. Quando, em alguma situação emergencial, o líder tem que priorizar algo que não seja o cliente, ele reúne a equipe e explica a lógica da sua decisão.

Uma coisa que aprendi com a Luciana Carrillo, uma executiva excepcional que conheci ao longo da minha carreira, foi que, no mundo ideal, todas as tarefas burocráticas não deveriam estar nas mãos dos supervisores. O foco único e exclusivo dos supervisores deveria ser sua equipe. Ela dizia que sempre estava atenta ao que sua equipe precisava, se estavam motivados ou se faltava conhecimento em determinada área. E ela me ensinou algo que assimilei:

Gisele, no SAC, que é o que faço hoje (a Lu é *head* de atendimento de uma das empresas que mais admiro), para que o supervisor tenha tempo de conhecer e desenvolver sua equipe, algumas questões precisam ser levadas em consideração:

- Em equipes em que um supervisor tem de 20 a 30 colaboradores, é impossível, numa jornada de 40 horas semanais, conseguir dar atenção individual para todos. O ideal é manter o rateio baixo, de 12 a 15 especialistas por supervisor.
- Gerenciamento de folgas, férias, faltas etc.: tem como remanejar alguém do time de planejamento, ou um back office, para lidar com assuntos relativos a faltas, trocas de folga etc.? Esse parece ser o maior obstáculo no gerenciamento de tempo dos supervisores.
- Avaliação do conhecimento do colaborador: vemos muitos supervisores passando horas e horas criando material/apresentações para seus times. É importante ter um bom relacionamento com o time de treinamento. A parceria é essencial para avaliar e treinar áreas problemáticas do time. Muitas vezes a equipe de treinamento pode perceber que essa necessidade não é somente daquele time específico, e outras equipes podem se beneficiar do mesmo conhecimento.
- Desenvolvimento do próprio supervisor: muitas vezes, vemos situações em que a área cresce rapidamente e você precisa promover ou contratar pessoas que não estavam totalmente preparadas para a posição. Nessas situações, deve haver um comprometimento muito grande por parte da equipe de liderança (coordenadores e gerentes) na preparação/treinamento desses supervisores, além de suporte para que consigam desempenhar o que é esperado deles.

- Em síntese, os colaboradores são a "carinha" da empresa. Eles estão na linha de frente e nos avisam quando tem algo errado com nosso serviço/produto, recebem reclamações (às vezes de pessoas não muito educadas), encontram problemas, resolvem problemas, enfim, é um trabalho muito difícil e desgastante que deve ser reconhecido, valorizado e comemorado.

Uma liderança que não é centrada nas pessoas não é uma liderança sustentável. O líder orientado para o cliente se preocupa com suas pessoas e promove o que é necessário para oferecer o melhor a elas.

À medida que comecei a crescer como profissional, entendi a importância de engajar a equipe e ter rituais. E, quando tive a oportunidade de empreender, pude criar muitos deles (já vimos que os rituais são essenciais na criação de cultura) para manter a equipe engajada e feliz. Começamos, por exemplo, com a dinâmica de apertar a buzina quando uma venda era efetivada. Para nós, no início da empresa, aquele gesto era uma maneira de celebrar um crescimento. Aquele momento era uma verdadeira festa. Gerava entusiasmo, o pessoal todo ficava contente e celebrava junto, a *vibe* do escritório mudava instantaneamente.

Ao mesmo tempo, eu também organizava reuniões especiais com a minha equipe e eles criavam gritos de guerra, se fortalecendo como time. Era como se estivéssemos diante de um campeonato mundial e precisássemos entrar em campo com toda a garra antes do jogo decisivo. Por isso, as reuniões sempre aconteciam logo no início da semana, mais precisamente nas segundas-feiras, antes do expediente. Se no início o time reclamava, depois todos perceberam que aquele gás era o combustível necessário para que levassem a semana toda com entusiasmo, brilho nos olhos e de fato se unissem e efetivassem mais vendas.

Mas não era todo mundo que estava ali desde o começo, e em determinado momento aquele apertar de buzina se tornou comum e incomodava as equipes que vieram depois. Eles não conheciam a história da empresa, não sabiam o que era "não ter buzina para apertar". E o trabalho passou a ser o de internalizar a cultura. Dessa forma, a equipe de vendas levava a buzina para pessoas de outras áreas – como financeiro, atendimento, RH – para que também pudessem fazer parte daquele ritual.

O desafio do líder é enxergar o que está nas entrelinhas, além de buscar maneiras de encontrar resultados que possam abarcar a equipe toda.

Como líderes precisamos entender que a empresa é um organismo vivo e conta com cada célula viva fazendo sua parte. Cada célula é um colaborador, e as pessoas precisam ser olhadas de forma especial.

O desafio é justamente saber dosar: quando instruir e dar uma atenção especial e quando delegar e entender que a equipe pode e deve caminhar sozinha. Porém, faz parte do *job description* de qualquer empreendedor buscar soluções para os problemas de cada colaborador. Entende-se por problema algo cuja solução ele não consegue encontrar sozinho. Um líder não abandona ninguém no meio do processo; ele aponta caminhos.

Trate os diferentes de forma diferente. Confesso que hoje prefiro pecar por excesso de cuidado a pecar por descuido. Lembro de um caso em que um colaborador tinha muita dificuldade para conseguir internalizar aquilo que a equipe exigia. Depois de perceber outros membros do meu time descontentes, decidi que separaria dois dias da minha agenda só para acompanhá-lo lado a lado, ensinando o que precisava ser feito, tirando as dúvidas e entendendo quais eram suas maiores dificuldades.

Claro que ninguém tem dois dias para fazer isso. A agenda do empresário e empreendedor, na maioria das vezes, nos atropela, e no dia a dia é um "salve-se quem puder". Dessa forma, às vezes passamos feito um trator por cima das pessoas que poderiam ter uma boa performance se contassem com a chance de mostrar seu potencial. Então, esses dois dias acabaram sendo um grande investimento.

No caso daquele colaborador em especial, foram dois dias que efetivamente transformaram sua carreira e sua trajetória.

Ao mesmo tempo, já presenciei pessoas tóxicas e manipuladoras em equipes – que buscavam chantagear os demais usando suas dores. Essas pessoas ofereciam ajuda em troca de reconhecimento público, e a armadilha tornava alguns colaboradores reféns. É uma situação tão

154

ruim que se torna insustentável. Felizmente, mais cedo ou mais tarde, a verdade aparece.

Na hora da demissão, inclusive, quem está no cargo de liderança deve ter a noção do impacto que aquela ação causa na vida da outra pessoa. Sempre tentei conduzir todos os processos com muito respeito e fazer o que estivesse ao meu alcance para que o liderado pudesse usufruir de todas as oportunidades.

O Acácio sempre diz que devemos ser tão verdadeiros que, até quando a pessoa não concorda, ela vai entender. E era verdade. Mesmo em demissões complexas, eu sempre mostrei os porquês e as pessoas acabavam, de certa forma, se tornando gratas apesar do desligamento.

Já falamos inúmeras vezes que os desafios são constantes na vida de quem lidera equipes. E o combinado não sai caro.

Mas existem aqueles que abusam. Quem é líder sabe que o peso da liderança está justamente em encontrar a hora certa para tudo.

Alguns episódios marcaram minha carreira de forma negativa, e um deles envolvia uma colaboradora que toda segunda-feira inventava um pretexto trágico ou uma doença inesperada. Esses casos só ocorriam às segundas-feiras, e, embora alertássemos que não suportaríamos mais aquelas faltas toda semana, ela persistia com a mesma postura.

Não seria justo com a equipe deixar uma pessoa agir daquela maneira. Depois de três conversas, eu a demiti.

O equilíbrio entre ser bom em excesso e justo é uma linha tênue porque estamos lidando com seres humanos, que, na maioria das vezes, são imprevisíveis.

Já tive um colaborador que me pediu transferência para outro estado. Ele contou que sua esposa iria para lá e que ele queria manter o emprego. Depois de muito custo, atendi seu pedido e consegui a tão sonhada transferência, porque ele era um excelente atendente.

Só que uma semana depois ele mudou de ideia. Pediu que eu o demitisse.

Eu não podia demiti-lo; não havia motivo para isso. Conversei, explicando que tínhamos efetivado a transferência a pedido dele e que, se ele não queria trabalhar mais na empresa, deveria pedir demissão, mas ele insistiu, dizendo que precisava do dinheiro da rescisão.

Neguei e fui para a minha mesa. De repente, ouvi o telefone tocar. Era o presidente da empresa me chamando com urgência.

O tal colaborador tinha enviado um e-mail diretamente ao presidente ameaçando-o. Ele afirmou que, se queríamos um motivo para demiti-lo, teriam um.

O presidente me disse: "Você vai demiti-lo por justa causa". Ele já havia chamado o jurídico, que caracterizara a mensagem como uma ameaça à integridade do presidente e da empresa. Juntamente com o RH, preparei tudo. Quando chamei o colaborador para conversar sobre a demissão, ele entrou em choque.

Algumas semanas depois, o rapaz foi até a empresa e pediu para falar comigo. Me pediu desculpas, disse que tinha feito a maior besteira da vida dele e que tinha aprendido a lição.

Ser líder é uma combinação entre equilíbrio, justiça e bom senso que não se compra na esquina. O processo acontece na prática, e é diante de situações complexas que treinamos aquilo que aprendemos. Não temos manual, e nem sequer sabemos se acertamos.

Trabalhei com o Hélio Basso no ReclameAQUI, ele liderando a equipe de marketing e eu, a de vendas e pós-vendas, e nós tínhamos um grupo de pessoas de áreas diferentes olhando para um objetivo em comum. Fazíamos juntos o que eu ia apresentar para o cliente, e eu gosto desse exemplo porque mostra que lideranças devem trabalhar de mãos dadas dentro da empresa. Customizávamos experiências, buscávamos soluções em parcerias e montávamos grupos de trabalho que ouviam pessoas diferentes.

Como ele sempre dizia, as empresas são feitas de pessoas. E isso fazia parte da cultura do ReclameAQUI. Antes de qualquer ação, olhávamos para a atitude, para a atividade, e não para o currículo de quem seria contratado. Ele dizia que a confiança era a base de tudo, porque começávamos a nos conhecer melhor e é assim que nascem as grandes parcerias. Não é questão de competência, mas de confiança.

Quando você tem líderes que confiam um no outro, essa relação transcende o âmbito profissional. Até hoje, o Hélio e eu trabalhamos juntos e sabemos como cada um pode dar o seu melhor dentro daquilo que nos dispusermos a compartilhar.

O coração de uma empresa pulsa mais forte quando a liderança está alinhada, trabalhando feliz, de mãos dadas e buscando as soluções inteligentes para atender as expectativas dos clientes. Está nas nossas mãos. Podemos vencer ou perder o tempo todo. Podemos contagiar o ambiente de trabalho com nossas ações positivas e criar ecossistemas prósperos com equipes campeãs de excelência, que encantam clientes e agem diariamente na tomada de decisão com foco na vitória em equipe.

Mas anote isto: uma liderança centrada no cliente é, acima de tudo, centrada nas pessoas.

13

PROTAGONISTAS SOCIAIS

Os incomodados que mudem o mundo.
PROVÉRBIO PORTUGUÊS

Uma das chaves do autoconhecimento que abriu minha mente foi entender os papéis que podemos assumir em qualquer situação da vida.

Normalmente assumimos os papéis de forma inconsciente: vilão, vítima ou herói. Esses papéis geram um vínculo de dependência, porque, toda vez que você é vítima, alimenta um vilão ou um herói. Toda vez que você é vilão, alimenta uma vítima, e assim por diante. Isso pode se tornar um grande jogo de papéis.

Felizmente você pode, a partir do momento em que toma consciência dessa realidade – e por isso quero que você preste bastante atenção –, decidir como agir e assumir o papel de protagonista, agindo de forma assertiva e consciente.

Talvez você esteja dentro de uma empresa como líder, talvez seja o seu fundador, talvez esteja começando, ou pode ser que atue como colaborador. Seja qual for seu papel dentro de uma organização, quero te dizer uma coisa: todas as pessoas podem se engajar com um propósito maior.

O que quero dizer com isso? Vou te contar uma história que ajuda a refletir sobre como um time pode mudar a vida de alguém.

Na Estrela, os pedidos no SAC por doações são inúmeros. E o Bruno sempre conta que tentavam destinar doações para entidades sociais sérias. Dessa forma, conseguiriam fazer as entregas para quem realmente precisasse.

Mas, certo dia, um pedido chamou a atenção deles. Era de uma mãe, do interior do Rio Grande do Norte, que estava tratando o câncer de sua filha de 4 anos. O nome da menina era Ester. Como a Ester estava hospitalizada, a mãe havia programado uma festa com o tema

159

Peppa Pig, dentro do quarto de hospital. Só que, apesar de ter conseguido a decoração, ela não tinha como arcar com o custo de uma boneca da personagem.

Mesmo não sendo um procedimento padrão, a Estrela estava disposta a atender, e houve autorização para fazer isso. Pensaram em enviar uma cartinha para a menina como se a própria Peppa Pig tivesse escrito, mas logo a equipe de marketing tomou a frente da situação. O colega Rodrigo Passeira pediu alguns dias para bolar algo mais surpreendente.

A boneca foi enviada para que chegasse a tempo. Foi embalada, higienizada e, no dia do aniversário, o Rodrigo chegou com a surpresa: "Vamos enviar este vídeo para ela".

No vídeo, devidamente editado, os dubladores oficiais do desenho toparam desenvolver um texto exclusivo e personalizado para a Ester. Nele, os personagens apareciam em situações distintas, sempre colocando a garotinha nos textos. E no final, uma declaração da Peppa: "Parabéns, Ester. Tudo de bom, que Deus te abençoe cada vez mais e mais. Estou pedindo que o papai do céu te ajude e que você tenha muita saúde e alegria nestes anos de vida. Dia quatro de junho, o dia mais especial, porque a Ester faz aniversário".

Nem preciso dizer que a menina teve a maior emoção da sua vida e perguntou à mãe como a Peppa soube que ela estava fazendo aniversário.

Tempos depois, a mãe enviou um e-mail contando que a Ester tinha recebido alta e estava curada. Se eles ajudaram nesse processo? Não sabemos dizer, mas, como comentou o Bruno, "Só de imaginar que pode ter sido um dos fatores, isso já enche o coração de alegria por termos feito o que era para fazer".

Não é demais?

Histórias como essa me emocionam demais, porque transcendem a questão de fazer um cliente feliz. Isso é responsabilidade social, empatia, tem a ver com pessoas que querem fazer a diferença no mundo e que, no seu ambiente de trabalho, conseguem transformar a vida de outras pessoas – mesmo que essas pessoas jamais se tornem suas clientes.

Isso é muito mais do que pensar em lucro. É pensar na vida humana e na transformação de pessoas.

É o real significado de propósito.

Certa vez, quando era gerente de marketing, tive meu primeiro despertar para fazer algo que pudesse efetivamente tocar outros corações, transcendendo a relação com a empresa.

Na época, me envolvi com uma ação social do bairro da Brasilândia, em São Paulo, e tentei viabilizar dentro da empresa uma ação maior que pudesse ajudar toda a comunidade. Conversei com a esposa de um dos líderes. A ideia era, além de fazer uma festa de Natal para a comunidade carente, promover entre clientes e colaboradores uma grande arrecadação e, depois disso, direcionar cada real de cada venda para a ação.

Conforme o projeto foi crescendo, montamos uma árvore de Natal em frente à empresa, numa praça no Butantã. À medida que as doações aumentavam, as luzes iam se acendendo. Além disso, no meio da árvore fizemos um corredor, e nele havia fotos e as histórias das crianças. Quem passava por aquele corredor ficava conhecendo um pouco de cada um daqueles meninos e meninas. O nome do projeto era Ilumine a Vida.

Envolvemos colaboradores do Brasil inteiro. Desde os presidentes até as filiais de todo o país. Lembro de rodar várias unidades da companhia falando sobre o projeto.

Fechamos a rua e fizemos uma festa linda para aquelas crianças. Não divulgamos em nenhum jornal, mas até hoje o coração de todas as pessoas envolvidas fica preenchido quando lembramos. Deixamos nossa marca na vida daquelas crianças. Desde então, nunca mais larguei o NAB (Núcleo Assistencial Brasilândia); não tem como.

Uma das pessoas mais engajadas em causas que já conheci, e que tinha isso em seu DNA, é o Luís Norberto Paschoal, o fundador da instituição que mencionei no início do livro e que foi um divisor de águas na minha vida. Só que essa instituição não impactou somente a minha vida: tocou a vida de milhares de crianças e jovens que hoje são protagonistas sociais dentro dos microssistemas onde atuam.

O Luís sempre foi um ser humano inspirador. Filho de imigrantes, ele dizia que, desde pequeno, teve a chance de receber apoio de muitas pessoas e sempre viu a vida como uma relação de troca. Como recebeu muita coisa que plantaram para ele ao longo da vida, viu que sua responsabilidade era também fazer o plantio na vida de alguém. Foi assim que começou a viver de acordo com um conceito único. Ele sempre diz: "Se você é empresário, professor, médico ou lixeiro, você tem uma responsabilidade no seu trabalho, mas também tem com seus avós, tios, filhos. Se a gente olhar a vida como deveres e obrigações, ela é cansativa, mas, se você olhar para deveres e obrigações por si, a vida não cansa, porque representa uma liberdade de agir. Se eu der às pessoas um ofício, um caminho, uma direção, eu estou dando uma responsabilidade, porque eu recebi. Se eu recebi, pelo menos eu devo devolver o que eu recebi".

Foi assim que o Luís iniciou a Fundação Educar, entre erros e acertos, porque percebia que não queria simplesmente dar a uma criança tudo que ela desejava: ele precisava dar aquilo de que ela necessitava. E isso passava por entender as carências dos jovens. Até encontrar o formato adequado do projeto, não foi fácil. Primeiro, ele ajudava os jovens a aprenderem a ser protagonistas, ensinando um ofício a eles, e depois os fazia repassar os ensinamentos aos mais novos. "Isso me mostrou que, quando a criança recebe oportunidades, ela se descobre. É uma relação de troca. Na vida, se você faz, é porque alguém te permitiu, te ensinou ou te ajudou a fazer. Não consigo enxergar a vida de uma maneira que não seja plantio e colheita. Lógico que fico feliz, mas e agora, o que vamos fazer daqui para a frente? O problema do mundo está crescendo, a responsabilidade está aumentando. É uma responsabilidade. Uma nova oportunidade e um novo momento está acontecendo", ele dizia.

O Luís repetia a todos os jovens da Fundação que a responsabilidade não era algo pesado de se carregar. Poderia ser desejada e leve. Uma responsabilidade adquirida porque decidimos ser responsáveis pelo outro, por nós, por onde estamos e por quem podemos impactar. Ele explicou certa vez que a responsabilidade o obrigava a pensar como uma criança, como um velho ou como alguém que estava sofrendo. E, na sua visão de mundo, a economia passa pela responsabilidade. No caso do protagonismo, é a capacidade de liderar. Liderar o protagonista, que é ensinar os outros.

Hoje sei que a Fundação e os valores do homem que a criou me estimularam a pensar novas maneiras de encontrar soluções criativas para meus problemas e para as empresas. E o que o Luís e o Bruno da Estrela têm em comum? O que cada uma das pessoas que se preocupam genuinamente com as demais – sem que elas sejam seus clientes ou sem que se espere receber algo em troca – podem nos ensinar? Que onde estivermos podemos ser a semente. Podemos gerar transformação, tocar os outros, fazer algo por eles. A vida é essa troca – e por sorte conseguimos fazer isso dentro de um ambiente de trabalho.

Ser um protagonista social é mais ou menos isso: é estar na sociedade e pensar no todo, entender sua própria responsabilidade perante quem está ao seu redor. Entender que, se você teve o privilégio de estar onde está, pode passar adiante algo que sabe ou fazer por alguém algo que transforme a vida daquela pessoa.

Um dia somos aprendizes, em outro, professores. E em ambos os momentos podemos nos tornar protagonistas sociais, trazendo uma visão que não muda apenas a empresa da qual fazemos parte – muda a vida das pessoas com as quais nos relacionamos.

14

O QUE ABALA A CONFIANÇA?

Confiança é uma via de mão dupla.

Pense em uma marca na qual você confia. Reflita sobre o porquê de confiar nessa marca. Provavelmente ela tem uma boa reputação, procede de um jeito que te dá a sensação de que não te trairia. Quando você pensa em indicar algo a alguém, lá está, na ponta da língua: a tal marca, empresa ou serviço que você indicou geralmente fica presente por um único motivo: você efetivamente confia nela.

É bom confiar em algo ou alguém de olhos fechados. Dá uma sensação de que... como posso dizer? De que a gente pode confiar, né? Ao mesmo tempo, ser traído por uma marca que a gente ama é quase como pegar um parceiro amoroso no flagra. Dói.

Talvez você se lembre do que aconteceu em meados de 2019, quando veio à tona o caso sobre o Facebook: um vazamento de informações de usuários abalou profundamente a confiança na marca. Muitas pessoas pararam de usar o aplicativo, outras começaram uma campanha contra o fundador. Ainda que o Mark Zuckerberg tenha ido a público falar a respeito, ficou uma espécie de má impressão. Afinal, quando a confiança é abalada, será que dá para continuar confiando?

Vira e mexe um escândalo pega a gente de surpresa. Às vezes, é aquela marca de roupa famosa que aparece com o nome envolvido em trabalho escravo. Outras, numa polêmica com algo que fere nossos valores. E não dá para dissociar a experiência de compra com a reputação da marca. Uma vez abalada, é preciso um grande trabalho para recuperar a confiança dos clientes.

A pesquisa realizada pelo Edelman Trust Barometer 2020 trouxe dados interessantes relacionados à confiança das pessoas nas marcas. Bem no meio de uma pandemia mundial, sabe o que mais fez algumas empresas ganharem pontos? O fato de a companhia estar envolvida em ações para ajudar os que estavam em estado de vulnerabilidade. Da mesma maneira, a quebra de confiança aconteceu com as empresas que viraram as costas para as causas sociais durante a crise.

Uma das pautas levantadas na pesquisa foi o fato de que as empresas que colocaram os lucros na frente das pessoas perdem credibilidade, enquanto as que protegem seus colaboradores ganham pontos na escala de confiabilidade.

Esses dados só evidenciam que, cada vez mais, as pessoas estão "cobrando" uma postura consciente de empresários em relação a situações que envolvem a sociedade civil. O próprio Luís Norberto, de quem falei no capítulo anterior, comentou que a pandemia trouxe uma grande reflexão para muitos empresários e empresas. Fez com que as pessoas ressignificassem o trabalho, reconhecessem mais o lado humano. O Luís acredita que, ainda assim, muitas empresas estão atrelando seu nome a causas porque o público está cobrando isso delas. Como sabem o tamanho da repercussão causada na imagem da marca, algumas companhias acabam promovendo ações que as façam se destacar e ganhar a confiança de clientes.

Ele mesmo, que pratica o que chama de "capitalismo responsável" há muitos anos, acredita que a pandemia pode trazer um novo movimento. E que, mesmo impulsionado pela cobrança da população, ainda assim pode ser válido.

Há 13 anos a DPaschoal elaborou um projeto batizado de "economia verde". A ideia era que o cliente não trocasse nada além do necessário. Sabe aquele pneu que não precisa trocar, mas que o mecânico ou o vendedor te empurra um novo? Pois é: a preocupação era justamente pensar no meio ambiente. Para que trocar se pode consertar? Com essa política adotada, os vendedores não gostaram muito da ideia, já que aquilo causaria impacto nas vendas.

Mas imagine se todas as empresas pensassem dessa forma sobre o descarte e o planeta. Imagine se houvesse áreas de responsabilidade social que trouxessem essas questões à tona. Se esse tem sido o fator preponderante para fazer as empresas subirem e descerem no ranking de confiabilidade num período de crise sanitária, acredito que a consciência tenha vindo para ficar e que o consumidor cada vez mais vai confiar nas marcas realmente preocupadas com o que acontece no mundo.

Mas não é só isso que faz uma pessoa confiar em uma marca. Como bem sabemos, confiança gera confiança. Talvez você já tenha ouvido falar de iniciativas de lojas de roupas, como a Reserva, que enviam algumas peças para a casa do cliente para que ele prove, veja quais gostou e devolva depois as que não for usar.

Como cliente, acredito que esse seja mais que um sonho de consumo. É saber que a marca confia no cliente.

E não existe marca que confia no cliente se internamente a política da empresa não é de gerar confiança uns nos outros. É o caso da Netflix, que eu não canso de citar. Certa vez, em uma visita à empresa, fiquei admirada quando descobri que havia computadores disponíveis para que os colaboradores pegassem, usassem e levassem para casa. Lá não há nenhum "controle", justamente porque se confia que cada um vai usar e devolver da mesma maneira que pegou. Na verdade, há muito mais do que controle. Há o autocontrole.

O mais legal disso tudo é que gera responsabilidade entre os membros da equipe. Para você ter uma ideia, quando precisam fazer viagens de trabalho, os colaboradores podem escolher se vão de classe econômica ou de primeira classe. E quer saber? Quase 100% deles acabam escolhendo a classe econômica, porque sabem que aquela decisão acarreta um custo menor para a empresa.

Empresas que estão pautadas numa política de confiança geralmente estão repletas de pessoas que pensam no todo e que também confiam no cliente. E é disso que estamos falando. De um círculo virtuoso positivo.

Se a empresa confia no colaborador, o colaborador confia no cliente.

Sabe aquela velha história de que o cliente reclama de má-fé? As pesquisas apontam que apenas 2% dos clientes têm alguma intenção por trás de uma reclamação. A grande maioria (e bota grande nisso) só quer resolver seu problema e ponto-final.

O cliente quer confiar na marca. E também quer sentir que a marca confia nele. Essa relação de troca positiva gera um impacto duradouro no relacionamento. E tem coisa melhor do que relações de confiança?

Seja entre colaborador e empresa, seja entre cliente e marca, ou até mesmo numa negociação?

A Azul Linhas Aéreas sempre foi um exemplo de atendimento ao cliente. Quando conheci o Marco Cesar Barbosa, que era o diretor de experiência do cliente, comprovei que a base para o relacionamento entre cliente e empresa era uma palavrinha mágica: confiança. Quando ele me procurou no ReclameAQUI, mesmo com um atendimento excelente, ainda havia insatisfações e a empresa não estava 100% bem colocada no ranking de atendimento. Com alguns ajustes, no ano seguinte a Azul foi premiada num evento em que a companhia recebeu três troféus pela excelência no atendimento. Ainda me lembro das palavras dele: "A fidelização de um cliente está baseada no nível de satisfação e encantamento que gera nele. Quanto maior esse encantamento, mais difícil ele trocar o certo por uma nova possibilidade. Ele sempre olha para o lado, pede novas opiniões, mas grande parte das experiências que identifico que geram a fidelização ocorre no pós-venda. Mais do que na entrega ou na venda".

Nas nossas conversas, ele sempre dizia: "É no pós-venda que se consegue fidelizar o cliente. Quando fazemos tudo direitinho, excelente, nada mais que a obrigação como empresa e profissional, mas, quando existe algum atrito ou problema, é aí que se percebe como a instituição tem foco no cliente. Na aviação, queremos que cada cliente tenha a melhor experiência de voo da vida dele. Isso só é possível se todo o nosso foco estiver direcionado para ele se sentir seguro, confortável, bem tratado (e do jeito que ele quer ser tratado), prestando atenção aos detalhes".

Para gerar esse processo de confiança, muitas vezes ele entra na linha de frente. E trabalhar numa companhia aérea, que não pode deixar um avião decolar caso haja qualquer problema em equipamento que não depende somente de pessoas – já que pode ser algo mecânico, ou mau tempo –, não é algo previsível. "Já tive experiências de atender pessoas com problemas em voos cancelados. É normal em qualquer companhia aérea, já que trabalhamos com aviões, que são equipamentos mecânicos, e prezamos pela segurança de clientes e tripulantes." Só que, sempre que possível, ele encara o problema de frente para reverter a situação.

No livro *A confiança inteligente*, Stephen Covey conta a história do nascimento da primeira empresa social multinacional, idealizada por Muhammad Yunus, vencedor do Prêmio Nobel. Num almoço com Franck Ribould, ceo do grupo Danone na França, depois de ouvir como essa companhia poderia fornecer alimentos para contribuir para a dieta das crianças em Bangladesh, Ribould se levantou e apertou a mão de Yunus, dizendo "Vamos fazer". Yunus repetiu tudo que havia dito, explicando novamente o conceito de empresa social, e obteve a seguinte resposta: "Apertei sua mão porque você me disse que no Grameen Bank você se baseia na confiança mútua entre bancos e devedores, fazendo empréstimos com um aperto de mão em vez de documentos legais. Assim, estou seguindo seu sistema".

Aquele aperto de mão selou uma parceria que gerou uma rede de distribuição de mais de 1,6 mil lojas, conquistando sustentabilidade financeira e fornecendo alimentos a crianças subnutridas de Bangladesh a preços acessíveis.

A confiança é a base de tudo. Pessoas confiáveis geram negócios confiáveis, que por sua vez trazem confiabilidade para a empresa.

Essa coisa do "aperto de mão" chega a ser emblemática. Quantas vezes combinamos algo com uma marca "no fio do bigode", como diriam os mais antigos, e tudo dá certo? Por outro lado, quantas vezes não nos sentimos intimidados ao precisar assinar uma série de papéis porque vamos adquirir um produto ou serviço? Sabe aquela sensação de que a empresa não confia na gente? Não tem coisa pior.

Conheci certa vez uma cliente que foi fazer um procedimento estético numa clínica. Na hora da análise com a dermatologista, a conversa correu solta. Aprovou o orçamento e partiu para o pagamento. Para sua surpresa, havia uma verdadeira cartilha cheia de páginas que ela deveria ler e assinar para assegurar que era de sua responsabilidade aquele procedimento. O documento praticamente isentava a profissional de qualquer responsabilidade caso houvesse uma intercorrência qualquer. A cliente, que estava segura quanto ao procedimento, recuou e pediu para levar os papéis para casa. O fato de a empresa fazê-la assinar a declaração de que, se ocorresse qualquer "erro", a responsabilidade seria dela a fez repensar. E isso é mais comum do que imaginamos.

A Chevrolet em São Paulo quis ir além. Promoveu o primeiro teste drive baseado na confiança. Um carro aberto em pleno centro de São Paulo com uma placa escrito: "Nós confiamos em você". O cliente simplesmente entrava, ligava o carro e podia dirigi-lo para testá-lo. É tão o inverso do que vemos normalmente, que a ação virou atração. E o resultado? Todos devolveram o veículo intacto no mesmo local em que retiraram. Se isso chega a te dar calafrios, saiba que a confiança promete ser a base dos negócios do futuro. A política de desconfiar do cliente, do colaborador e de todo mundo está cada vez mais em desuso. Você pode até dizer que hoje somos cada dia mais rastreáveis, mas vamos combinar que é gostoso quando alguém deposita confiança em nós. Eu, em particular, passo a confiar ainda mais na marca.

Quem gosta de confiança gosta de transparência. E esse aspecto está intimamente ligado à reputação. Não existe boa reputação se a empresa não é transparente. Até mesmo se ela escorrega ou pisa na bola, quando assume o erro – como falamos há pouco –, as pessoas voltam a confiar.

Dentro da empresa também é preciso desenvolver autonomia e confiança no colaborador. Como dizia a Luciane Carrillo, que citei antes como uma das profissionais que mais admiro neste mercado:

"Nosso primeiro cliente é o nosso especialista/colaborador. Esse é o mindset com que gosto de trabalhar. Temos que sempre ter certeza de que todas as necessidades do nosso especialista (e de toda a equipe de suporte) sejam atendidas. A equipe de suporte inclui supervisores, treinadores, equipe técnica, time de planejamento, coordenadores e gerentes. Os especialistas inicialmente precisam ter um ambiente de trabalho que lhes ofereça todos os instrumentos e ferramentas para desempenhar sua função, assim como um ambiente que proporcione o seu bem-estar".

Ela sempre diz que isso fortalece o processo de confiança dentro da empresa.

"O ambiente de trabalho deveria ser um local em que ele/a tenha prazer em passar horas do seu dia, em volta de pessoas que o desenvolvem, lhe dão suporte e oportunidades de crescimento. No papel tudo parece romântico e um tanto filosófico, mas no dia a dia vemos muita empresa tendo dificuldade em colocar esse 'mindset' em prática."

Em nossas conversas, a Lu sempre me diz que, quando se fala em desenvolver o especialista, não é simplesmente dar feedback baseado na qualidade. É realmente criar uma equipe multidisciplinar (supervisores, qualidade e treinamento) que possa elaborar um plano de desenvolvimento para o especialista, que receberá sessões semanais individuais de coaching com seu supervisor.

"Para que isso aconteça, seu supervisor também precisa receber o desenvolvimento e o suporte necessário de seu coordenador/ gerente. Se você quer ver seu time bem-sucedido, entregando todas as metas, e felizes no dia a dia, você tem que ser o exemplo. Aja do jeito que você espera que seu time aja. Para entender sobre as necessidades (física e emocional) de seu colaborador, você tem que olhar para o time, para o supervisor, para o coordenador, para o gerente."

Sendo assim, uma vez que entendemos o que nosso especialista (e toda a equipe) precisa (ferramentas, motivação, desenvolvimento etc.) e conseguimos supri-lo, temos que confiar que seu serviço será o resultado de como se sentem.

Ou seja: a confiança também deve começar dentro de casa, num processo de colaboração mútua.

Como disse o ganhador do Nobel Kenneth Arrow, "podemos afirmar de modo pertinente que a maior parte do atraso econômico do mundo pode ser explicada pela falta de confiança mútua".

Mas a confiança só existe quando os dois lados querem e aceitam confiar. É uma via de mão dupla. Você deve confiar para receber confiança de volta.

Essa é uma poderosa ferramenta de construção de relacionamento com seus clientes.

15

SUA EMPRESA É SUSTENTÁVEL?

Tenho em mim todos os sonhos do mundo.
FERNANDO PESSOA

A palavra "sustentabilidade" caiu na boca do povo há um tempo. Muito se fala sobre empresas sustentáveis. A imagem que vem à mente é a de um circuito de reciclagem numa embalagem, como se a sustentabilidade se resumisse a um pacto com o meio ambiente.

A verdade é que a questão é bem mais abrangente do que você pensa, mas vamos falar de sustentabilidade começando pelo básico: o quanto sua empresa ou negócio está efetivamente preocupado com o planeta? Se você acha que isso parece discurso de ativista, saiba que a maioria das grandes empresas com capital aberto fora do Brasil está correndo atrás do prejuízo e se reinventando na marra porque descobriu que, se não atender aos critérios de sustentabilidade praticados lá fora, ficará para trás – e perderá dinheiro. Isso mesmo: por bem ou por mal, as empresas precisarão, em algum momento, atentar para o fato de que é preciso entender seu papel social neste mundo.

Na Austrália, o supermercado modelo IGA oferece aos compradores vegetais que são cultivados no próprio telhado do estabelecimento. A loja também cortou o desperdício de água, fornecendo às plantas a água coletada no sistema de ar-condicionado da loja, em vez de deixá-la escorrer pelo ralo. Assim, reduz o custo com o transporte dos vegetais, enquanto o telhado verde ajuda a absorver gás de efeito estufa, combatendo mudanças climáticas. Nos Estados Unidos, algumas redes de supermercados aderiram ao consumo consciente e tiraram os plásticos das prateleiras de frutas. Com isso, houve aumento no faturamento.

No entanto, ser sustentável é mais do que não usar copos de plástico, separar o lixo e trazer práticas que tornem o consumo consciente. Embora o Brasil ainda esteja engatinhando na questão da sustentabilidade, é notório que a pressão do consumidor é cada vez maior para que se atente a isso.

As causas em torno deste assunto variam desde a moda sustentável, onde o minimalismo é praticado, até o ecoturismo, a proteção de animais, recursos – e critério no seu consumo.

O fato é que não tem como não olhar para toda a cadeia. E uma empresa sustentável economiza recursos, observa como está sendo sua conduta do começo ao fim e – mais do que isso – abraça um ideal no qual o processo todo gera uma onda de eventos positivos. Mas vamos combinar uma coisa desde já? Não adianta ser *eco friendly* na vitrine da empresa se as práticas dentro dela não geram sustentabilidade para o colaborador e para os clientes.

Como assim, Gisele?

Ser sustentável é mais do que se preocupar com o impacto ao meio ambiente. É estruturar processos produtivos de forma que o desenvolvimento e a proteção aos recursos naturais sejam condutas.

No topo do pódio das organizações mais sustentáveis do mundo está a Dassault Systèmes, uma empresa de origem francesa que é responsável por produzir softwares. Além de preencher os requisitos de aproveitamento de água (93%) e geração de resíduos sólidos (95%), ela tem um quadro de funcionários com 45% de mulheres, rotatividade de colaboradores em apenas 8%, e toda inovação é pensada de forma a conhecer os impactos antes do início da produção. Então, a empresa busca novas soluções. Governos do mundo todo se inspiram na prática da Dassault para ter eficiência energética e mobilidade.

Pensar em soluções é pensar no futuro.

Lembro que, quando eu era pequena, meu pai, o "seu Lino", como era chamado pelos amigos, era tão preocupado com o meu futuro e o dos meus irmãos quanto um governante lida (ou deveria lidar) com seu país. Ele sabia exatamente os valores que queria que seguíssemos – e que seriam vitais para nossa independência. Sabia o caminho que tinha trilhado, as dificuldades que tinha encontrado e podia apontar quatro ou cinco caminhos para cada um de nós, sempre projetando algo a longo prazo.

Hoje ele é avô e ama seus netos, mas não consegue imaginar como será a vida deles em 30 anos. Isso porque todos nós sabemos que, se não adotarmos medidas agora, o futuro desses jovens pode nem existir. Você pode até discordar dos métodos adotados pela ativista Greta Thunberg, que inspira jovens no mundo todo, mas prepare-se, porque, além dela, uma nova geração está vindo com tudo para apontar aquelas questões para as quais não atentamos.

Se uma jovem como ela estivesse dentro da sua empresa, você estaria preparado para responder aos questionamentos dela? Saberia dizer se sua empresa vai ajudar a deixar o planeta mais habitável? Saberia lidar com as críticas que ela faria?

As pesquisas apontam que os jovens de hoje percebem a geração que está no poder como incapaz de lidar com questões importantes como os impactos ambientais e a inclusão social. Por essas e outras o Conselho Empresarial Brasileiro para o Desenvolvimento Sustentável (CEBDS) criou uma visão 2050, que sugere caminhos para as empresas construírem um futuro nessa direção. A Natura é conhecida mundialmente por ter metas de curto, médio e longo prazo nesse sentido. Ela está dentro de um ranking mundial como uma das poucas empresas brasileiras a se preocupar com emissões de carbono, consumo de água, resíduos sólidos, capacidade de inovação, salários, segurança do trabalho e percentual de mulheres na gestão. Em 2018, a Natura foi a primeira empresa brasileira a conquistar o selo "The Leaping Bunny", que atesta seu compromisso com a não realização de testes em animais em produtos.

E todas as empresas que estão preocupadas com essas questões convidam jovens, aprendizes e trainees para cocriar estratégias para o futuro.

Pensar de forma sustentável é estar atento a todos os processos e até às burocracias envolvidas na empresa. É simplificar para atender melhor. É reduzir e impactar positivamente. É saber como conduzir uma conversa a longo prazo, um relacionamento, uma via de mão dupla na qual a empresa gere um impacto positivo e, por meio dele, promova uma nova forma de pensar. O consumidor pode ser o garoto-propaganda da causa sem que isso lhe seja solicitado – só porque deseja fazer parte de um movimento.

Criar movimentos é o que muitas empresas acabam fazendo quando seguem nessa linha.

Outro dia estava participando de uma reunião administrativa em uma companhia famosa por suas inovações, na qual se discutia o lançamento de um produto ao mesmo tempo em que se pensava o descarte do produto que a pessoa tinha em casa. A empresa questionava internamente se haveria uma forma eficaz de cuidar do descarte do produto que a pessoa já possuía ou oferecer algum tipo de desconto para quem entregasse o antigo.

Isso é pensar em toda a cadeia. É pensar como o seu consumidor chega em casa com o seu produto, o que ele faz com o produto similar que possui, com a embalagem. Ao mesmo tempo, o conceito de sustentabilidade econômica traz consigo uma nova ética e a noção de que o ser humano deve estar no centro do processo de desenvolvimento.

Em Itabirito, Minas Gerais, existe um armazém chamado Paraopeba, que faz o maior sucesso entre os turistas e os moradores da região. Ali se vende de tudo: todos os tipos de grãos a granel, doces em compotas, canecas. O mais impressionante é que o estabelecimento existe desde 1890, quando o bisavô do Roney começou. O proprietário se orgulha de aceitar fiado, de não aceitar cartão de crédito, e de entregar as encomendas semanais com a conta do mês para os moradores locais.

Além disso, a marca que ele criou é derivada da maneira como se relaciona com as pessoas que entram na sua loja. Ali existe uma explosão de cheiros e sabores, você experimenta todos os tipos de queijos, degusta o que quiser levar, enxerga a qualidade de cada grão e cada peça oferecida. E são coisas que não se encontra em qualquer lugar.

Roney costuma dizer que a cidade se autossustenta por ali. E afirma que o maior segredo para aquele comércio continuar firme e forte há mais de 100 anos é o fato de que todos dentro do processo se respeitam e são fiéis entre si.

Seus fornecedores também são clientes e estão com ele há tanto tempo que ninguém consegue escalar aquele negócio, mesmo que queira. A mercearia já passou por várias moedas e situações. Faz escambo, atende fiado, não recebe pagamento por cartão. A moeda é a confiança. A mesma que ele deposita no cliente que deixa o dinheiro no caixote e no funcionário que está ali o dia todo sabendo quanto tem no caixa. Segundo ele mesmo diz, as pessoas têm que ser honestas e ele precisa ser honesto no que vai anotar quando vende fiado. E o Roney atende rico e pobre do mesmo jeito, sempre ciente de que quem entra nunca sai de mãos vazias.

Ali ele vende o pastel para você fritar em casa, mas vende a matéria-prima para a única fornecedora do pastel, que o atende há anos. Também vende fubá de moinho para a fornecedora de rosquinhas, e vende o resto do saco de feijão de uma pequena produtora local que cultiva para si própria, mas que sempre tem a mais e não pode jogar fora.

O queijo que ele comercializa você só encontra lá, porque é produzido perto da cachoeira, onde tem um gado diferenciado. Ele compra leite de um só lugar. E garante que quem come aquele queijo pode combinar com café ou vinho. Mas, se acabar, só na quinta-feira seguinte.

Quem chega à cidade querendo ser seu fornecedor vai continuar querendo, porque ele é fiel à sua cadeia. Se vende bem, é porque os fornecedores são fiéis, ele é fiel, e os clientes também. Assim, a pequena cidade troca produtos de mão de obra local e colabora para a manutenção de um processo artesanal que o Roney chama de "ética com os pequenos produtores".

Poderia chegar a um valor mais barato, mas ele não quer saber. "Aqui não é cidade onde se chega na visita e se abre saco de Elma chips. Aqui não tem preguiça de cozinhar. Você compra banha de porco, suja a cozinha, faz comida boa, com os ingredientes escolhidos na mercearia. Não gera lixo, contribui com a cidade, com o comércio local, com a vizinha que vende feijão e com o vizinho que fornece leite. Com a dona Cida que faz rosquinha e com o fornecedor de fubá."

Para o Roney, ser sustentável é o que está entrando na moda, mas é o que ele faz há muito tempo. Porque é muito mais lógico, mais inteligente, e gera benefícios para todo mundo que está envolvido naquela cadeia.

O que estamos falando aqui é sobre a sustentabilidade de uma cadeia. Vamos combinar que não é toda empresa que pensa num processo sustentável – e vou te contar um segredo: talvez a longevidade de uma empresa esteja diretamente ligada aos processos adotados nesse sentido. Ou você acha que é à toa que a mercearia existe há mais de 100 anos?

Conheço aplicativos da moda que são fundamentados em processos que ignoram a existência humana. Ignoram os fornecedores, os colaboradores, e focam o lucro. Espremem todos e ninguém ganha.

Claro que o processo da mercearia não é escalável, mas não adianta esganar um braço que seja da cadeia para ganhar mais dinheiro. Em algum momento a galinha dos ovos de ouro para de dar ovos e fica todo mundo sem.

O tal do capitalismo consciente que algumas empresas começaram a praticar visa a uma relação de "ganha-ganha".

Uma empresa com essa visão pensa em tudo a longo prazo. Por exemplo: se a empresa de aplicativos de bicicletas adota a postura de "vamos trabalhar pela mobilidade urbana", mas não atenta para o problema que gera com o serviço que oferece (onde as bicicletas vão ficar estacionadas depois que as pessoas as utilizarem?), elas começam atendendo uma demanda e criando outro problema.

Não é só a "solução" que você cria, mas que impacto essa "solução" gera. Neste caso, houve incontáveis casos de acidentes, bicicletas jogadas no meio de avenidas e o surgimento de um problema para a cidade.

No caso dos aplicativos, você sabe dizer se o aplicativo que usa está remunerando bem os trabalhadores que estão cadastrados? Ou ele oferece uma solução para o cliente que desequilibra o sistema? As empresas que vão chegar mais longe são as que se preocupam com o resultado de toda a cadeia. Tem que ser uma relação "ganha-ganha" para todos os envolvidos no processo. Muitas empresas de tecnologia criam negócios altamente inovadores e, num primeiro momento, não pensam na consequência social que aquilo vai gerar, e só depois buscam solucionar o transtorno a que deram origem.

Vejo empresas de e-commerce que vendem muito volume, mas que não estão preocupadas em pagar os fornecedores em dia. E agora vou tocar num assunto indigesto, que, no entanto, precisa ser dito: uma empresa que não paga seus fornecedores é justa? Ela está pensando na sustentabilidade de toda a cadeia?

Estar preocupado com a sustentabilidade da empresa é entender que você exerce um papel importante para as pessoas que estão ao seu redor. O caso da Luiza Helena Trajano, que eu adoro citar, ilustra bem o que quero dizer: no período de pandemia, além de não demitir ninguém, as pessoas que já estavam numa lista para serem desligadas foram poupadas da demissão porque a Luiza entendia que seria difícil para elas conseguirem emprego naquele momento delicado.

Claro que você deve estar pensando, "ah, mas não tenho caixa pra isso", e eu não estou dizendo para você fazer o mesmo, mas quero provocar a reflexão: o que você consegue fazer nas condições que dispõe hoje? De que forma está sendo responsável pela cadeia em que está inserido? Ou está tirando o corpo fora, numa atitude de "salve se quem puder"?

Ninguém faz nada sozinho, entenda isso. Além de ter atitude com o planeta e com o meio ambiente, temos que colaborar com as pessoas que estão nesta jornada conosco. Adianta servir um prato gourmet no seu restaurante se o motoboy é tão mal remunerado que leva o produto de qualquer jeito, prejudicando a experiência do seu cliente? E aqui é claro que acredito que a premissa básica de qualquer profissional é fazer seu serviço direito, mas quero que você reflita se as pessoas envolvidas na sua cadeia têm condições mínimas de trabalho.

Recentemente, a chef de cozinha e empresária Paola Carosella, que tem um restaurante badalado em São Paulo, anunciou que em determinada data ela não atenderia delivery nem abriria o restaurante. O motivo? A paralisação dos motoboys por melhores condições de trabalho. Paola acreditava que era importante apoiar aquele movimento.

Esse tipo de posicionamento é importante porque gera reflexão, inspira e... posso confessar uma coisa? No fim das contas, traz uma reputação ainda maior e, dependendo, faz a empresa vender mais nos dias seguintes, porque as pessoas apoiam esse tipo de iniciativa que visa ao bem comum.

Como disse o Luís, talvez as empresas não fiquem mais conscientes, mas quem sabe as pessoas se tornem tão conscientes que façam as empresas se conscientizarem e mudarem sua postura em relação a tudo que torna a cadeia sustentável.

Não adianta pensar no canudo de plástico e não olhar para o entregador. Ou, como comentou uma colega de trabalho, no momento da pandemia da Covid, teve pizzaria que mandou máscara de brinde (e foi um gesto lindo), mas o entregador que foi até sua casa estava desprotegido. Então, a atitude do estabelecimento comercial até podia ser premiada, mas se a preocupação fosse o ser humano, ela não teria disponibilizado uma máscara também para o entregador?

Eu entendo que a empresa não precisa ser "mãe e pai" e cuidar de todo mundo, mas precisa sim se preocupar com o entorno quando está envolvida em um processo.

Volto a citar o caso da mercearia de Paraopeba (e entenda que não ganho nada por isso, mas fico satisfeita em falar de boas práticas que inspiram, porque acredito que a prosperidade dele vem desse boca a boca de quem o admira). Esses dias a mercearia12 fez um post sobre a temporada das macelas do campo. São flores que, segundo ele, dava até dó de vender. Algumas fornecedoras tiram seu sustento colhendo do mato, onde a vegetação é pobre por causa do minério. É o ciclo das pequenas economias familiares, de gente simples, que tem sabedoria para preservar a natureza e viver dela.

O que precisamos entender de uma vez por todas é que não existe "nós" e "eles". Precisamos estar preocupados uns com os outros para todo e qualquer processo ser sustentável. Até com seus concorrentes. Porque já passou a época em que o ditado "enquanto eles choram eu vendo lenços" era bonito de se ver. Hoje, se um chora, eu estendo a mão. Posso até vender lenços, mas vou olhar o que está acontecendo e o que provocou aquele choro. Não vou ignorar a realidade enquanto está tudo bem para a minha empresa. É necessário buscar soluções coletivamente, observar os parceiros de trabalho e pensar junto em como fazer as coisas, pensar em alternativas viáveis que possam ajudar o concorrente a se levantar. Se você oferece um bom trabalho, ou serviço, não vai vender menos porque o seu concorrente está indo bem.

A relação "ganha-ganha" é um projeto de vida. É ver cliente feliz, colaborador feliz, fornecedor feliz. Ver a cadeia toda prosperando, sem que uns enriqueçam enquanto outros passam dificuldade.

Ser uma empresa sustentável não é só para inglês ver. Não está na moda para ganhar investidor. Ou o jogo vai ser assim, ou não tem mais como sobrevivermos em sociedade. Não dá para criar um problema e jogar a bola para a frente. É preciso se responsabilizar pelos processos, observar como podemos agregar – na equipe, na sociedade, no papel que desempenhamos no momento em que estamos. E isso inclui pensar em tudo: no tipo de material utilizado para embalar o produto, no fornecedor deste material, em como ele vai impactar o ambiente, na forma de comunicar algo ao seu cliente, em como criar uma cadeia próspera para seu entorno e facilitar a vida das pessoas sem gerar problemas insolúveis.

A era da sustentabilidade e do capitalismo consciente veio para ficar. Não basta usar discurso bonito nas redes sociais sobre propósito e missão: esta é a hora e a vez de colocar o discurso em prática. Quem sabe assim nos tornamos uma sociedade que não terceiriza responsabilidades e assume a própria bronca. Todo mundo pode errar, mas pode recomeçar e fazer diferente a partir do dia em que ganha uma nova consciência sobre o que pode fazer diferente.

Eu acredito que empresas do futuro são empresas que têm alma, que acima de tudo respeitam. Respeitam o meio ambiente, respeitam a diversidade, são inclusivas e têm práticas sustentáveis em tudo que realizam. As empresas do futuro são feitas por pessoas que se preocupam com o futuro das novas gerações e cuidam do seu lar. Ser sustentável só gera saldos positivos: a empresa ganha, o cliente prefere e o planeta agradece.

O mundo conta com você.

16

VOCÊ ENTREGA O QUE PROMETE?

O combinado nunca sai caro.

– Por que não estamos satisfeitos?

A caixa de esfihas estava vazia e havíamos pedido exatamente o mesmo número de salgados que sempre pedíamos. Ainda assim, não estávamos nos sentindo satisfeitos. O que havia acontecido?

– Mãe, você reparou que as esfihas estavam menores?

Imediatamente percebi o que havia acontecido: o restaurante tinha diminuído o tamanho das esfihas pela metade. Naquele momento, pensei em reclamar, mas resolvemos tirar a prova e novamente fizemos o pedido: era nítida a diferença. As esfihas que pedíamos havia anos sempre na mesma quantidade tinham mudado de tamanho.

Fiquei ali pensando em como elaborar uma mensagem para o restaurante. Éramos clientes deles fazia tanto tempo... por que tinham feito aquilo sem avisar? Pensei nas possibilidades: talvez quisessem aumentar a margem porque o movimento tinha diminuído. Mas não era mais justo que informassem o cliente de que o tamanho do produto tinha mudado? Ou então, aumentar o preço?

A verdade é que muitas vezes nos sentimos enganados como consumidores porque compramos gato por lebre. Ou pior: investimos nosso dinheiro em algo que não é entregue, e isso gera um descontentamento a longo prazo.

Se acabamos de falar de longevidade das empresas, saiba que empresas assim não se sustentam por muito tempo. Porque uma hora a conta vem. Se um cliente feliz dá lucro, um cliente insatisfeito ou que não recebe sua entrega acaba fazendo um barulho dez vezes maior. Com o filme queimado, que empresa pode ter novos clientes?

183

Hoje, com a onda de cursos online – um mercado crescente no Brasil devido ao marketing digital –, é bastante comum ver pessoas investindo muito dinheiro em cursos que contam com estratégias de venda extremamente elaboradas, mas que ficam insatisfeitas quando assistem às aulas. A entrega é bem diferente da promessa. Será que o marketing exagerou na dose ou houve má-fé na hora de vender?

Anote: entregar o que foi combinado é a premissa básica de um trabalho bem-feito. E nem sempre é isso que acontece. Pior ainda é quando a empresa inventa uma história para cativar os clientes. O chamado "storytelling", queridinho das agências, entrou na mira do Conar (Conselho de Autorregulamentação Publicitária), depois que as empresas Diletto e Do Bem contaram histórias fictícias para criar uma imagem de seus produtos.

Tudo começou quando a Diletto anunciou que os picolés gourmet tinham surgido com Vittorio Scabin, o fundador da marca. A história era que ele produzia sorvetes feitos de neve no extremo norte da Itália desde 1922 e, quando se viu obrigado a abandonar o negócio em razão da Segunda Guerra, migrou com a família para São Paulo e aqui começou a vender sorvete. A história seria linda se o tal Vittorio não fosse um personagem fictício.

O bafafá deu o que falar nas redes sociais, e os proprietários da marca reconheceram que tinham ido longe demais. Mas alegaram era uma história baseada em valores reais.

E eles não foram os únicos envolvidos em histórias bem contadas para vender produtos. A Do Bem usou histórias com personagens para tentar se diferenciar da concorrência. Inventaram o seu Francisco, que teria fazendas no interior de São Paulo. Embora tenham alegado que ele era real, era sabido que empresas gigantes como Brasil Citrus eram fornecedoras das laranjas para a Do Bem. Na época, a marca explicou que a companhia escolhia as fazendas fornecedoras e a Citrus apenas processava os sucos. Mas a credibilidade da empresa já tinha sido posta em xeque. As mães que advogavam pela marca, até então a queridinha de quem não curtia a industrialização do processo, já estavam possessas.

Tudo começou com uma reportagem da *Exame* que mostrava que as empresas queriam ter uma história bonita para contar, mas nem sempre essa história era verdadeira.

Se estamos falando sobre *entregar o que se promete*, é preciso estar atento à promessa que é feita pela marca. No caso da Do Bem, a promessa de algo orgânico era bem embalada na propaganda, mas não era o que acontecia na prática.

Um caso parecido ocorreu quando uma marca de remédios criou uma vitamina infantil e começou a vendê-la em formato de bala de goma, criando uma comunicação dirigida para crianças. A empresa usou um conto infantil para ilustrar a diversão que era tomar aquele remédio.

No site da empresa ainda havia um jogo cujo objetivo era capturar alimentos e a vitamina para fugir de agentes infecciosos. A estratégia de comunicação do produto violou a legislação brasileira vigente, que considera abusiva e ilegal a publicidade direcionada para o público infantil menor de 12 anos. Os advogados afirmaram que o que era ainda pior era a empresa de medicamentos buscar convencer crianças a consumir seus produtos como se fossem balas que as deixariam superimunes.

Por mais absurdo que possa parecer, essa realidade é mais comum do que se imagina, inclusive em empresas que se denominam ecológicas para ganhar pontos com o consumidor. Ou você não se lembra da marca de fósforo que foi obrigada a retirar das caixinhas a frase "Madeira 100% reflorestada"?

Aí entra a questão do rótulo. Enquanto algumas empresas colocam no rótulo informações que não são condizentes com a verdade, outras omitem informações que precisam ser ditas.

O que tem de bom elas falam, mas muitas omitem o que há de ruim. Até hoje existe a briga em torno do selo "contém transgênico" na embalagem. A lei que obrigou as indústrias a informarem nas embalagens quando houvesse transgênico no produto alimentício ainda é alvo de polêmica.

Se estamos falando de empresas transparentes, elas não podem chegar ao ponto de dar "mais ou menos" a entender o que tem ali dentro. Não tem pegadinha.

Você já deve ter se deparado com rótulos cheios de informações que não condiziam com a realidade e, por causa disso, foi preciso que alguns movimentos apontassem todos os absurdos publicamente.

O movimento "Põe no Rótulo", criado por um grupo de mães com filhos com alergias alimentares, trouxe à tona a urgência de informar nos rótulos o que havia de fato naqueles alimentos. Se hoje você vê os rótulos com a informação de que aquela bolacha contém "traços de glúten ou leite", mesmo que os ingredientes não estejam ali, é por causa de movimentos como esse que pressionaram a Anvisa.

Talvez você não saiba, mas um dos principais motivos de reclamação pública é a propaganda enganosa. A empresa alega que não existe, mas veja só o imbróglio. Imagine que você vê uma roupa linda naquele site estrangeiro e de repente compra pela internet. Quando o pacote chega à sua casa, a roupa não é nada daquilo que imaginava. A cor, a textura, o caimento. A frustração é grande, porque a expectativa não foi correspondida.

E agora vamos falar sobre expectativas não correspondidas. Se o produto chega diferente da foto do site, quem vai ficar satisfeito?

Conheço pessoas que compram uma vez e, depois de receber o produto, nunca mais. E a *mea culpa* da empresa deve ser: "Se estou passando a sensação de propaganda enganosa para o cliente, tenho que rever o que estou prometendo ou o que estou entregando".

O que vi por muito tempo nas empresas foi a justificativa de que o cliente "assinou" um contrato afirmando que concordava com aquilo. Só que até as letrinhas miúdas precisaram de lei para que ficassem maiores, pois não dava nem para ler o que se assinava.

Ou, então, quando você para num posto de gasolina para encher o tanque e se dá conta de que o valor era apenas para pagamento em cartão ou por aplicativo? E quando você encontra no e-commerce uma enganação parecida com essa? A perda de tempo e a raiva se tornam irreversíveis.

Se você for ao Procon, estará respaldado, mas não é questão de entrar na justiça; é questão de alinhar expectativas. Seja você cliente ou empresa, deve estar atento para que existam clareza e transparência na comunicação, a fim de não se vender nada diferente do que foi prometido ou descrito naquela arte com foto bonita postada na programação de suas mídias sociais.

O meu amigo Haroldo Nunes, que é advogado e tem uma start-up de inteligência de negócios para atendimento ao consumidor, costuma comentar que os advogados dizem "Se pegar fogo, eu sei apagar incêndio", mas no fundo deveriam alertar antes: "Escuta, vamos construir uma brigada e evitar que isso possa acontecer".

O que ele quer dizer? Que até o bombeiro chegar, o fogo já se alastrou. E, por mais que ele seja uma ferramenta estratégica na resolução de conflitos, ele literalmente advoga que não se chegue até o departamento jurídico.

"No século 21 tem que se pensar no cliente", ele diz. E faz uma verdadeira evangelização dentro das empresas para que as brigas não precisem ser resolvidas no departamento jurídico.

Para o Haroldo, a reputação é a nova moeda. Como já falamos antes, se não entregamos o que é prometido, naturalmente a reputação vai por água abaixo.

Cada consumidor insatisfeito se torna um microinfluenciador para destruir a reputação de uma empresa. O Haroldo faz refletir que o processo, mesmo quando a empresa ganha, nem sempre é uma vitória. Provar que se está certo nem sempre é interessante.

Se trouxermos isso para o conceito empresarial, a ideia é basicamente esta: você prefere ter lucro ou provar que está certo? Ninguém perde por conquistar a reputação. Jurídicos e atendimentos devem pensar juntos em como atender o cliente, e quem ganha é a empresa. Quanto mais clara a comunicação interna, melhor a comunicação com o cliente.

Meu antigo chefe Juarez, já mencionado por aqui, costumava falar em "cano reto". Ele dizia assim: "A conversa tem que ser cano reto, não pode ter curva". Ele tinha essa preocupação e dizia isso pelos corredores da empresa, que a comunicação precisava ser clara e não podia "parar" em nenhum lugar. Principalmente, não podia parar em nenhum departamento.

Então foi criado um e-mail "cano reto" pelo qual ele se comunicava diretamente com toda a empresa. Quando chegava um cano reto, todo mundo sabia que era dele, e na conversa não tinha desvio de percurso: ele dizia o que precisava ser dito.

É importante que possamos perceber que a entrega para o cliente é o resultado de todos esses processos que vêm da cultura de uma empresa. É pouco provável que uma empresa que se comunica bem internamente cometa o deslize de não comunicar com coerência aquilo que oferece. E principalmente prometer algo que não será entregue.

No podcast do qual eu sou cocriadora, o Arroz com Feijão Cast, falamos muito sobre entregar o básico bem feito, que é entregar o que se prometeu. Porém, se fosse tão simples, não teríamos tantas leis para proteger o consumidor, que se sente lesado quando a empresa não comunica com clareza os seus serviços ou produtos oferecidos.

Por último, vale lembrar: não terceirize a responsabilidade da sua empresa quando o cliente apontar uma falha no seu processo ou quando se sentir prejudicado. Absorva as críticas e aproveite para entender o que pode melhorar. Nem sempre o cliente é "chato". Ele não tem tempo ocioso para ficar apontando defeitos no seu processo. No fundo, tudo o que ele quer é ter suas expectativas atendidas.

Enquanto escrevia este livro, um episódio curioso deixou as redes sociais em polvorosa. A rede de sanduíches Subway, que passou a fazer pizza para entrega, elaborou uma comunicação incrível acerca da novidade. As pessoas estavam fascinadas com o valor da pizza, bem acessível, e alguns clientes fizeram o pedido. Era pagar para ver se a pizza era boa.

Só que um dos primeiros clientes teve a maior decepção quando abriu a caixa de pizza e se deparou com um resultado bem inferior ao que tinha sido divulgado. A massa era branca, como se não tivesse sido assada, e por cima havia uma cobertura jogada de qualquer jeito. Ele postou uma foto, que viralizou rapidamente como "a pizza mais feia do mundo". As redes sociais não perdoaram, e o tema entrou em discussão.

Para não perder os clientes, a rede emitiu um pedido de desculpas e disse que iria averiguar o ocorrido. Só que, depois daquele estrago, outra franquia de pizzas surfou na onda dos memes. Eles fizeram entregas de tutoriais pelas redes Subway sobre "como fazer pizza". A "brincadeira", criada por uma agência de comunicação, fez a pizzaria ganhar um novo status nas redes. Embora nesse tema existam várias nuances – uma empresa não entregar o que promete, emitir um pedido de desculpas, uma comunicação rápida, mas não tão rápida quanto a da concorrente (que percebeu uma oportunidade de marketing) –, o assunto desperta interesse por diversos motivos: afinal, estamos realmente engajados com nossos clientes? Estamos pensando na experiência? Na comunicação? No encantamento?

Todos podem errar, mas que esses erros sirvam de aprendizado para que possamos olhar para o nosso umbigo e aprimorar nossos processos.

A vida pede calma, mas não é bem isso que um cliente faminto espera.

Quer conhecer o podcast Arroz com Feijão Cast, com dicas para garantir o básico nos negócios? Acesse o QR Code para ouvir:

17

O PRIMEIRO CLIENTE DA SUA EMPRESA É VOCÊ

A vida feliz consiste na tranquilidade da mente.
CÍCERO

Outro dia estava assistindo a uma comédia romântica e, em determinado momento, a protagonista do filme enfrenta um processo de separação. No dia seguinte ela acorda para trabalhar, chega ao seu local de trabalho e sua líder a aborda, perguntando o que aconteceu. Ela relata os fatos e então ouve da empresária:

– Volte para sua casa, tire o dia de folga, chore hoje o dia todo e volte amanhã.

Ela contesta a ordem da chefe, que logo emenda:

– Como você vai atender os clientes desse jeito? Eu quero te ver bem.

Pode parecer absurdo, mas a lógica é esta: como uma pessoa pode atender bem um cliente se ela mesma não está bem? Como você pode performar bem se não está bem consigo mesmo? E tudo que eu quero dizer aqui é a premissa básica da vida: não tem cliente feliz se você não está feliz.

Você pode estar lendo o livro e se perguntando: o que está acontecendo na minha vida para eu tirar o dia para chorar? Será que eu preciso de uma pausa para ver se estou bem? Será que, mesmo aplicando tudo que está aqui no livro, consigo satisfazer meu cliente se eu não estiver bem?

Então vamos dar um passinho para trás nessa dança magnífica e observar se um empreendedor infeliz faz um cliente feliz e se um colaborador infeliz faz um cliente feliz. Você pode ter certeza de que, mesmo aplicando toda a teoria, a vida lá fora corresponde ao que acontece aí dentro. E na verdade ela é o resultado do que está dentro. Mas nem sempre estamos bem, então, em que pilares temos que nos sustentar para conseguir entrar em cena?

O preparador físico Nuno Cobra, conhecido principalmente por treinar ícones como Ayrton Senna, dizia que não adianta estar intelectualmente forte e espiritualmente fraco. É como jogar toda a carga de um caminhão de um lado só. Na primeira curva, o que acontece com esse caminhão? Ele tomba.

É mais ou menos isso que fazemos: às vezes colocamos tanta energia no trabalho que ignoramos que somos seres humanos com múltiplas necessidades e que a nossa performance no trabalho vai depender diretamente de como estamos. Se você não estiver bem consigo mesmo, as coisas acabam repercutindo de outra maneira.

E aqui, antes de mais nada, eu quero ter um papo sério com você: se você parar para fazer essa autoanálise de como anda a sua vida, pode ser que perceba que está indo por um caminho que não gostaria, e isso vai refletir na sua empresa.

Como assim?

Conheço uma moça que saiu de seu trabalho e comprou uma loja de franquia de doces. Aquele empreendimento era uma maneira de ela dizer que tinha autonomia de tempo e poderia liderar uma equipe. Só que, conforme os dias foram passando, por mais eficiente que ela fosse, a loja não prosperava. Demorou para ela se dar conta de que ela não estava feliz. Ela estava no lugar errado e não tinha mágica que fizesse a loja e os processos darem certo, porque a cada dia ela ia se deparar com uma insatisfação diferente.

Uma pergunta que eu quero que você faça a si mesmo agora é: se seu coração não estiver batendo forte por aquilo que você faz neste momento, seja qual for o motivo, repense. Será que é você que está no lugar errado?

O que a vida exige é atitude, e nunca é tarde para recomeçar. Fazer algo quando se está infeliz é como contaminar um ambiente inteiro. E é natural que as coisas comecem a "dar errado" porque você não está muito bem.

Mas é claro que na vida nem sempre fazemos o que gostamos – e eu quero abrir esse parêntese porque existe uma doutrina muito forte que diz "faça o que você ama", mas é possível também se apaixonar pelo que se faz. E vou além: às vezes, a necessidade faz você se apaixonar pelo que faz também.

Por muito tempo eu fugi da área de vendas, porque eu achava que não tinha perfil e que minha função era apoiá-la. Tinha inclusive um líder que me dizia: "Gisele, você deveria ir para vendas". Até que um dia a necessidade bateu na porta: quando comecei a empreender. Tinha que vender para pagar as contas da empresa. E acreditem: me apaixonei por aquilo que era nossa necessidade no momento.

Mas eu sei que nem sempre as coisas são tão perfeitas. Vamos partir do pressuposto de que você curte o que faz, sempre fez bem-feito, mas está numa fase do cão. Nem você se aguenta direito. O que fazer? Descontar nos fornecedores? Nos colaboradores? Nos clientes? Não dá, né? Aí é o momento de você descobrir os porquês dentro de si mesmo.

Comece olhando para o que você está fazendo com o templo que você ocupa para transmitir sua energia, sua luz e seu poder de realização: seu corpo.

Quem me vê hoje toda preocupada com alimentação e atividade física não imagina que nem sempre fui assim. Eu já estive em períodos em que não me cuidava. Dormia mal, me alimentava mal, trabalhava muito, dirigia muito. Até que o corpo começou a dar sinais. A partir de então resolvi me cuidar, me alimentar melhor, dormir melhor e praticar atividade física regularmente.

Confesso que no início é difícil até criar o hábito. E, depois que cria, começa a fazer parte da rotina. Não adianta me falar de tempo, porque tempo é a gente que faz. Eu viajava todos os dias, chegava em casa e ainda ia para as aulas de treino funcional às oito da noite. Você pode me perguntar: de onde vem tanta energia? Quando se exercita, você não só gasta energia, mas a carrega para as atividades rotineiras.

Eu acredito e pratico o tripé: corpo, mente e espírito sãos.

A nossa mente é poderosa, e, quando alimentada de coisa boa, produz resultados extraordinários E eu te pergunto: que tipo de informação você está consumindo? Como está nutrindo a sua mente? Valorizo muito o meu tempo e o dos meus clientes. E, para mim, perder tempo é desperdiçá-lo ficando inerte diante de uma tela enquanto nenhuma informação de qualidade está abastecendo você. Cuidamos tanto do combustível do nosso carro, mas injetamos combustível de pior qualidade em nossa mente. Nos intoxicamos de informações inúteis, coisas sem sentido para passar o tempo, e não nutrimos nosso intelecto e nossa mente com algo que possa nos alimentar.

A mente é uma aliada poderosa para todas as pessoas. Não podemos negligenciar os pensamentos e deixar que a mente voe por aí, sendo conduzida por qualquer vento que passe. A mente fortalecida é capaz de tornar o indivíduo mais potente e melhorar sua performance.

Pode reparar: se estiver mal consigo mesmo, certamente é porque anda se alimentando de programas, notícias e informações que não agregam em nada. Elimine tudo isso. Se precisar cortar relações que minam a sua confiança ou fazem comentários depreciativos a seu respeito, imponha esse limite para que a sua saúde mental fique em dia.

Tão importante quanto a qualidade mental dos pensamentos é a qualidade do que ingerimos. A nutrição, de fato, faz toda a diferença no nosso humor. Me lembro que certa vez uma colaboradora minha estava com a energia baixa e eu a chamei para conversar. Ela se alimentava mal todos os dias, se entupia de doces, vivia tendo altos e baixos emocionais. Numa breve conversa, agendamos uma nutricionista para que ela proporcionasse a si mesma esse autocuidado.

Quando falo de autocuidado, estou falando de tudo que diz respeito ao seu corpo, espírito e mente. E, quando digo espírito, não estou me referindo a nenhuma religião. Quero dizer que realmente faz diferença ter uma conexão espiritual que te eleve.

Minha mãe sempre foi muito religiosa e desde pequena me levava à igreja. Ela me ensinou valores morais e éticos que fizeram toda a diferença na minha vida, mas me ensinou principalmente algo que jamais perderei, que é o fator "fé".

Não importa qual seja a sua religião, a fé é a prova daquilo que se não vê. É o que te faz acreditar em dias melhores, que tudo passa e que você pode ser muito mais forte do que imagina.

O fator fé é aquele que usamos no dia a dia, mas também o que nos impulsiona a agir quando não temos certeza quanto ao caminho e direção a tomar. Quando tudo parece nebuloso, se não temos algo a que nos apegar, fica difícil conduzir a vida.

Nem tudo dá certo sempre, e quando preciso de respostas é na conversa com Deus que obtenho as mais poderosas. Você já conversou com Ele? Se ainda não, faça esse teste e você verá um resultado imediato no seu coração. Essa fortaleza espiritual que me acalma e protege hoje é fruto de muitos dias e noites criando ao redor de mim uma crença que me faz sentir segura, mesmo diante de cenários catastróficos. Sabe aquela coisa "confia que vai ficar tudo bem"? Sempre foi algo em que me apeguei quando não podia mais enxergar nada diante de mim. E, por incrível que pareça, funciona!

Outro aspecto importante para observar na sua vida é se você tem um hobby ou algo que sinta abraçando sua alma.

Minha mãe sempre foi muito feliz com a vida, generosa e empática com todos. E durante um certo período, diante de tantas dificuldades e provações, ela entrou em depressão, o mal do século que assola a humanidade. Em uma das consultas médicas, o doutor perguntou: "Dona Cida, o que a senhora mais gosta de fazer, que te dá muita alegria?". E ela respondeu: "Estar dentro da igreja, doutor". E o médico: "Então vá mais à igreja! Vá o máximo que a senhora puder". Só esse superincentivo dele já a deixou melhor. E foi isso que ela se propôs a fazer – e conseguiu se reerguer.

Eu toco piano desde cedo, e sempre que sinto precisar de um momento de paz, de meditação ou de uma hora comigo mesma, me sento diante do piano e fico ali. A música me faz viajar, e a cada som emitido começo a mudar a minha vibração, acalmar o espírito e preencher meu coração.

Aliás, acho que você vai gostar de saber como aprendi a tocar piano. Sabe quando algo tem que fazer parte da sua vida.? E tudo parece ir contra?

Eu adorava ver as pessoas tocando na igreja, e pedi à minha mãe que pagasse aulas para mim. Na época, ela não tinha dinheiro para isso. E aí, inesperadamente, uma mulher da igreja, sem saber o que estava acontecendo, sentiu vontade de financiar minhas aulas.

Ela me levou até a professora de piano, que, ao saber daquele gesto de generosidade, decidiu não cobrar as aulas. E foi assim que aprendi a praticar o instrumento que hoje é minha paixão.

Generosidade gera generosidade.

Sabe por que estou contando isso? Porque acredito que, quando temos um desejo intenso que está na nossa mente e nosso espírito vibra só de falar sobre aquilo, algo mágico acontece para abrir caminhos, a fim de que possamos viver aquilo pelo que nossa alma pulsa, desde que seja nosso o primeiro passo. Se você tiver qualquer interesse – seja um curso ou uma atividade qualquer –, coloque-se na direção daquilo. Comece a caminhar que Deus coloca o chão debaixo dos teus pés. Essa é uma verdade universal. Mesmo que você não acredite em Deus, acredite que existe uma força – que a ciência e a física quântica chamam de campo vibracional – que aciona ímãs que fazem você atrair aquilo que deseja. Mas é preciso se movimentar. Do céu só cai chuva mesmo.

Por falar em movimento, caso esteja numa posição ou numa empresa que não está fazendo sua vida valer a pena, é hora de repensar tudo.

Tive a oportunidade de mentorar uma profissional que trabalhava numa empresa onde todas as semanas acontecia uma discussão homérica com um dos líderes. Ele gritava, ficava nervoso, e, como ela não revidava, a situação ficava ainda mais inflamada. O resultado foi que o copo foi enchendo, apresentando sinais. Até que ela concluiu que, apesar de ter uma condição confortável, nada pagaria o preço de sua saúde mental. E eu dizia para ela: se te faz mal, repense, coloque no caderninho os prós e os contras. Mas não permita ser vítima de uma situação. Enquanto você é vítima, alguém está sendo vilão; esse jogo de papéis não é construtivo e pode destruir a relação com clientes, com pares e com a empresa. Essa mentorada fez seu processo de transição e está muito feliz. O cabelo melhorou, a pele, falam até que ela rejuvenesceu! Veja como é importante decidir e ser protagonista da sua própria vida.

No fim das contas, é sempre a matemática do amor que faz a diferença na nossa vida. Primeiro do autoamor. Como nos cuidamos, como cuidamos da nossa alma, do espírito, do bem-estar emocional, da saúde física e psíquica. Quando cuidamos de nós mesmos, cuidamos do outro. Não dá para cuidar de ninguém se a gente não olha para dentro. Fica uma vida capenga, uma vida infeliz, uma vida apática e quase sem rumo.

Olhe para tudo isso e entenda que o resultado de uma empresa próspera é sempre fruto de um trabalho bem-feito, que começa dentro de você.

18

COMO ANDA A COMUNICAÇÃO DA SUA EMPRESA?

A comunicação encantadora é aquela que abraça o cliente.

Comunicar é uma palavra derivada do latim *communicare*, que significa "partilhar, participar algo, tornar comum". Por meio da comunicação, os seres humanos podem partilhar informações de qualquer natureza, e isso é essencial para a vida em sociedade e os relacionamentos.

Ao longo de tantos anos lidando com clientes compreendi que existe uma distância enorme entre uma comunicação bem feita e uma comunicação encantadora. A comunicação bem feita é aquela que permite ao outro compreender sua mensagem de forma clara e objetiva. A comunicação encantadora é aquela que acolhe o outro com sua mensagem.

Tive a oportunidade de realizar diversos trabalhos e fazer negócios junto com o Bruno Pinheiro, meu amigo que, além de escritor, também é fundador da Be Academy e especialista em marketing digital. O Bruno sempre diz: "A primeira coisa que as empresas precisam entender é que as redes sociais são feitas por pessoas que têm sentimentos, necessidades e gostam de se relacionar com outras pessoas, e não com empresas".

Para o Bruno, comunicação sempre foi coisa séria. Ele dizia que o que você comunica precisa ter conexão com as pessoas. Uma empresa com comunicação efetiva nas redes precisa ter pessoas na linha de frente que saibam entender o cliente.

– Você precisa entender os desejos e se comunicar por meio do conteúdo de forma consistente – ele sempre diz.

E isso tem tudo a ver com o que já falamos por aqui: estar presente onde seu cliente está, se conectando com ele de forma genuína.

199

Essas coisas precisam ser ditas, porque podem facilmente passar despercebidas. Google, Instagram, LinkedIn. Todas as redes que surgem no caminho são essenciais para o crescimento de uma empresa, e por meio do conteúdo conseguimos estar presentes em cada uma das redes obedecendo a suas particularidades e na sua própria linguagem.

"Precisamos estar atentos à edição do conteúdo também.", ele ensina. "Dependendo do canal, um tipo de comunicação. E os maiores erros que as pessoas cometem é não ter clareza do que comunicar. As pessoas comunicam de forma errada. Noventa e cinco por cento delas não conhecem a tríplice básica da comunicação: valores, posicionamento e propósito."

Fato é que a comunicação pode acontecer por diversas formas, mas os canais digitais passaram a ser os principais caminhos para levar a mensagem de forma rápida e simples a milhares de pessoas. Durante a pandemia da Covid-19, quem ainda não estava presente no digital teve que correr para abrir uma conta no Instagram, montar um delivery ou um e-commerce.

Mas quero te chamar a atenção para um ponto importante dessa jornada do cliente feliz: você está conseguindo comunicar tudo que precisa para seu cliente?

Já vivenciei situações de todo tipo na minha vida corporativa: desde atendimentos de empresas que não sabiam se comunicar – e isso incluía não saber transmitir a segurança de que o cliente precisava naquele momento, ou então perceber que em muitos momentos era necessário que eu alertasse a equipe sobre como se portar com determinadas pessoas.

A comunicação é a chave do negócio, e eu sempre me preocupei com isso de todas as maneiras possíveis. A começar pelos pequenos detalhes, como o poder da voz. Falar de uma maneira que transmite confiança é um passo poderoso para criar uma conexão com o seu cliente. Não dá para falar com as pessoas de qualquer jeito, e isso inclui a forma como você se veste, se comporta, se posiciona e se movimenta.

Isso vai aparecer em todos os aspectos: no seu texto, nas suas palavras. Em todas as formas de se comunicar você pode transmitir uma mensagem. Um "bom-dia" com ponto-final é uma coisa, mas com uma exclamação é algo totalmente diferente. Percebe que é um detalhe que pode fazer a diferença?

Chamar o cliente pelo nome e falar de algo que conecte você a ele é o básico. Já começar uma conversa é demonstrar que se importa com as pessoas. Fique atento ao perfil do público para entender como ele se comporta. Não menos importante é a cultura local, que traz perfis diferentes de clientes. O cliente do Sul tem um perfil e o do Nordeste, outro. Não adianta você querer trabalhar os dois da mesma forma.

A comunicação muitas vezes está nas entrelinhas. O que o cliente não te diz e você precisa perceber? Às vezes, em equipes de atendimento ao cliente, eu me sentava com as equipes e lia junto com eles as reclamações, para que cada um descrevesse o que tinha identificado em cada uma delas. O objetivo não é apenas compreender o que o cliente deseja, mas melhorar a compreensão de texto e, consequentemente, a comunicação. Qual o perfil do cliente que reclamou? O que ele quer? Como ele está se sentindo? São perguntas que sempre faço nesse exercício. Funciona muito bem, e recomendo a você que também o faça e o aplique com sua equipe.

Um cliente nervoso se comunica em caixa-alta, como se estivesse gritando. Tem poucas palavras. O mais calmo está mais disposto a explicar o problema. O cliente chateado usa palavras como "decepcionado, frustrado". E é na voz do cliente que identificamos a temperatura da conversa. O tom de voz é o termômetro.

Quanto mais você se especializar em entender o que está por trás de um contato do cliente, mais poderá ser assertivo na resposta.

Por isso, preparei um checklist com cinco pontos aos quais se atentar numa resposta ao cliente:

1. **A resposta foi esclarecedora para o cliente?**

   Por exemplo, se a resposta for "informamos que o assunto está esclarecido", parece que deixa um ponto de interrogação na situação. O que está esclarecido? O que não está sendo dito? O que você está escondendo?

2. **Você esclareceu todas as dúvidas?**

   Não adianta não responder às perguntas do seu cliente. Não foque apenas a dúvida principal; esclareça tudo porque senão ele fica com aquilo engasgado. Um exemplo claro de reclamação é quando existem um atraso na entrega e um mau atendimento.

3. **Surpreendeu o cliente?**

   Em todas as respostas você tem que surpreender o cliente. Fazer algo a mais, atender rápido. Fazer algo que ele não espera.

4. **Chame o cliente pelo nome.**

   "Senhora" é pronome de tratamento. É preciso falar o nome. Se é uma empresa mais jovem, com a comunicação mais descolada, não faz sentido usar o "senhora". Realizar um atendimento humano é importante.

5. **Ouça o cliente.**

   Tem vezes em você vai falar, outras que você vai ouvir. Numa reclamação, será o segundo caso. Quando a pessoa tiver dito tudo que queria, ela vai parar. E, quando isso acontecer, você fala.

Outra coisa importante é perguntar para o cliente se aquilo é bom para ele, porque corremos o risco de não conversar, de simplesmente despejar algo que acreditávamos ser uma solução e que, na prática, não vai funcionar.

Pode existir um problema de comunicação. O cliente pode não estar entendendo o que você está falando.

Esses são detalhes que devem ser observados por quem tem clientes. Comunicação é saber dialogar. Dizer palavras claras, que o seu cliente saiba o que significam. Afinal, a responsabilidade pelo entendimento é de quem comunica.

Me perguntam sempre sobre gírias e maneiras informais de falar na internet, se isso também pode ser aplicado na comunicação com o cliente. E a minha resposta é: depende. Se você estiver a falando a linguagem do seu público e respeitando a *brand persona* da sua marca, o.k. Um exemplo é a Netflix, quando brinca com seus seguidores no Twitter: ela criou uma *brand persona* que permite essa informalidade e flexibilidade na comunicação. Por outro lado, se uma empresa superséria e tradicional usar a mesma comunicação, sem fazer um processo de transição para uma nova forma de se comunicar com o cliente, vai soar desconexo.

Deve existir um alinhamento na comunicação para que a pessoa tenha a sensação de que está conversando com a empresa.

A comunicação também passa pela escolha das mídias sociais nas quais sua empresa estará presente. Por exemplo: se a empresa se comunica bem pelo Facebook, bola pra frente, mas, se a moda da vez é o TikTok e ele não tem a ver com a sua mensagem, não adianta usar a plataforma e passar vergonha fazendo algo que não está relacionado com o seu negócio.

A comunicação é uma poderosa ferramenta que você e sua empresa têm nas mãos para deixar os clientes mais felizes. Comunique-se de forma genuína, verdadeira, entendendo seus clientes, se conectando com eles, de forma transparente e sobretudo humana.

19

VOCÊ PENSA NO SUCESSO DO SEU CLIENTE?

Só existem dois tipos de colaboradores: ou você está atendendo um cliente, ou está atendendo alguém que está atendendo um cliente.
SAM WALTON

Quando paro para fazer essa pergunta nos meus treinamentos, quem não está habituado com o termo *Customer Success* arregala os olhos: "Como assim, Gisele? Agora EU tenho que pensar no sucesso do meu cliente? Já não basta me desdobrar para ter sucesso dentro do meu negócio e com a minha equipe? Não acha que é muita transferência de responsabilidade?".

As perguntas sobre o tema são inúmeras, por isso eu quis trazer o assunto à tona para quem não está familiarizado com essa política tão adotada pelas empresas de maior sucesso no mundo.

Para começar, eu queria que você entendesse uma coisa: o sucesso do seu cliente impacta diretamente no sucesso da sua empresa. Mesmo que você não esteja genuinamente interessado em promover o sucesso do cliente, perceberá neste capítulo que, quanto mais ele for bem-sucedido com a ajuda da ferramenta, serviço ou produto oferecido pela sua empresa, mais você terá resultado financeiro.

Se mexer no caixa da empresa ainda não é uma justificativa interessante para que você preste atenção no que vou dizer a seguir, vou te apresentar as coisas sob outra perspectiva: imagine que você tenha duas possibilidades de empresas para contratar um serviço. Uma delas traz um histórico de sucesso – todas as pessoas que a contrataram estão bem-sucedidas e andaram de mãos dadas com a tal empresa, que fez seus projetos serem alavancados. A empresa é uma espécie de mola propulsora para sonhos – e isso não é fazer mágica ou ter varinha de condão, mas ela efetivamente se preocupa se os clientes estão tendo possibilidades, se podem ter novas ferramentas, se estão satisfeitos. De tão focada no resultado do cliente e na sua satisfação, elas se tornam indispensáveis.

A empresa concorrente oferece os mesmos serviços, mas você contrata o serviço, o recebe, e não há um engajamento da equipe para não apenas tirar suas dúvidas, mas também trazer novas soluções, pensar junto, criar possibilidades... É uma empresa cuja troca é apenas financeira. Você paga pelo serviço, recebe e fica por conta própria. Você pode até achar o produto bom, mas não passa do nível "o.k.".

Qual das duas empresas você gostaria de ter como parceira de negócio?

É evidente que a empresa que cuida do cliente e pensa em como interferir positivamente na história dele está mais perto de marcar um gol. Você já deve ter visto empresas assim: as queridinhas de muitas pessoas. Elas geralmente têm uma política interna que está alinhada com os valores de transparência e integridade. Não estão interessadas somente no seu dinheiro ou em fechar uma venda – elas querem mesmo que você possa ser feliz com aquela contratação.

Já implementei a área de sucesso com os clientes em algumas empresas clientes. E posso dizer com muito orgulho que o resultado foi tão impactante que as empresas jamais deveriam deixar de olhar para o "detalhe" do sucesso. Virou a área queridinha, que fez as vendas de *up selling* e recomendações dispararem, o *turnover* diminuir e as reclamações também. Além disso, diminuíram os cancelamentos recorrentes e aumentaram significativamente os elogios.

"Nossa, Gisele, do jeito que você está falando parece até uma fórmula mágica... Como se fosse fácil fazer outra pessoa ter sucesso."

Aí é que está o pulo do gato: na verdade, você não vai ser o *coach* de sucesso do seu cliente – a única coisa que você vai garantir é que ele tenha sucesso com O SEU PRODUTO OU SERVIÇO.

Muitas empresas já investem em departamentos de sucesso do cliente que vão garantir que a melhor experiência do cliente está sendo entregue e que ele está alcançando os resultados desejados com o produto/serviço adquirido.

Mas o que, de fato, faz uma equipe que mantém o sucesso do cliente em foco?

É importante dizer que não se trata de uma equipe que foca em deixar o cliente feliz, mas sim em assegurar que ele êxito com o produto ou serviço adquirido.

É como uma criança que não gosta de comer legumes, mas a mãe insiste e inventa formas de essa criança comer, porque conhece os benefícios e sabe o quanto lhe fará bem ter uma alimentação rica em nutrientes.

Podemos dizer que se trata de uma área ativa e não reativa. A área de sucesso do cliente sempre age de forma proativa com os clientes.

Os cuidados começam na chegada do cliente, quando é feito o seu *onboarding*, garantindo que ele tenha a melhor "chegada" na empresa e que os seus primeiros passos pós-compra sejam dados da melhor forma. Sabe aquele tal ditado, "Se começa errado, termina errado"? Pois é, o *onboarding* tenta mitigar isso, para que comece certo e possa ter uma boa continuidade.

Garantidos os primeiros passos, a equipe de sucesso do cliente passa a monitorar com base em dados de comportamento de uso e com rotinas de contato ativo frequente e sistemático com os clientes, para saber como estão usando o serviço/produto. O objetivo dessa ação é assegurar que não apenas tenham a melhor experiência, mas atinjam os objetivos esperados. Com esse relacionamento aquecido, o contato com o cliente não só é estreitado, como também retido, porque evita-se chegar ao ponto de o cliente querer cancelar a compra porque não soube usar ou não viu os benefícios do que adquiriu.

Por estar tão perto do cliente, essa equipe acaba entendendo muito sobre o seu dia a dia e, naturalmente, encontrará oportunidades de novos negócios, *upgrades* ou novas vendas para ele, as quais vão ajudá-lo na busca de seus objetivos. Essas oportunidades de venda que o time de sucesso do cliente identifica são normalmente recomendações para ajudá-lo cada vez mais por intermédio dos produtos disponíveis. Não se trata de uma venda empurrada, mas de uma compra recomendada.

Ficará a cargo dessa equipe também reter os clientes que sinalizaram desejar o cancelamento. Diante daquele cliente que formalizou esse pedido, entra em campo o time de sucesso para avaliar se é realmente o melhor caminho para o cliente esse cancelamento e se há algo que ainda pode ser feito, quais as alternativas possíveis para ajudá-lo.

Sabe quando a mulher compra um pacote naquela clínica de massagem e imagina que a promessa de ficar com a barriga sequinha é viável depois de dez sessões? Pois é: eu mesma já caí nessa. Uma vez não foi tão legal assim, porque o esforço da empresa em me vender o pacote foi bem maior do que o de tentar entender se eu estava satisfeita. Nunca recebi sequer uma ligação perguntando se eu queria marcar uma sessão, ou o motivo de eu não estar indo com frequência. E esse erro é muito comum.

As empresas fazem de tudo para vender o produto ou serviço, mas, quando já estão com o cliente, não o "seduzem", no bom sentido. Não o enxergam como um potencial cliente de outros serviços. Investem tentando atrair outros em vez de mensurar o nível de satisfação de quem está ali investindo.

Aquela clínica, caso tivesse uma área voltada para o sucesso do cliente, teria investido em mim. Teria feito absolutamente tudo para que meu tratamento fosse um sucesso, para que eu ficasse não apenas satisfeita, mas para que eu comprasse outro pacote, indicasse para as amigas, mostrasse os resultados nas redes sociais. A empresa estaria comprometida com o meu resultado, e não com o meu pagamento. Essa é a diferença.

Ela ficaria focada no que oferece – e pensaria no que sempre falo: o "ganha". Saberia que, se eu estou feliz, se obtive um bom resultado com aquele serviço oferecido, o mérito também é deles.

Se estamos falando de uma empresa que presta um serviço, por exemplo, o time de sucesso pode observar se o cliente está usando todas as funcionalidades, a fim de evitar que ocorra futuramente um cancelamento na assinatura do serviço.

Essa história de sucesso do cliente surgiu em San Francisco, nos Estados Unidos, quando essa área começou a ser implementada para gerar valor para as empresas, principalmente aquelas que descobriram os modelos de receita recorrente e começaram a formatar produtos e serviços no modelo de assinatura. Vieram os clubes de vinhos, de livros, de streaming, de roupas... tem até de cuecas e meias. Logo as plataformas de tecnologia embarcaram na ideia e adotaram o modelo SaaS para venda software (*Software as a Service*).

Trabalhar com receita previsível para um período maior de tempo (que não seja de mês em mês) tem gerado novos patamares para as companhias que conseguem adotar o modelo de receita recorrente em seu negócio.

Hoje é comum empresas dos segmentos mais variados começarem a pensar em formas de levar o modelo de assinatura para dentro do negócio – e isso pode gerar um valor exponencial para a empresa.

Embora possa parecer que o modelo de receita recorrente seja o novo petróleo para as empresas, ele traz muitos desafios, e um deles é manter o cliente que faz uma assinatura. Porque o resultado estará no maior volume de assinaturas mensais com o menor cancelamento possível. E foi para equilibrar essa balança que surgiu o sucesso do cliente.

No livro *Customer success: como as empresas inovadoras descobriram que a melhor forma de aumentar receita é garantir o sucesso dos clientes*, Dan Steinman aponta a prática como uma tendência futura nos negócios. Ele afirma inclusive que o sucesso do cliente se tornou "indispensável".

E aqui a premissa básica é entender algumas leis do *Customer Success*: a primeira delas é vender ao cliente certo. Talvez você não saiba, mas quase toda evasão acontece porque ocorreu uma "venda forçada". Sabe quando o perfil do seu cliente nem é aquele, e você empurra o produto mesmo assim? Pois é: a longo prazo isso não se sustenta, e o custo para manter esse cliente torna-se muito alto.

A segunda coisa que você deve saber é que existe uma tendência natural dos clientes e fornecedores a se afastar aos poucos. E por que isso acontece? Porque a percepção de valor pelo usuário final vai diminuindo com o tempo. É por isso que a batalha de retenção de clientes e aumento de valor dos que já existem é interminável.

Talvez você não saiba que os clientes esperam que você os torne extremamente bem-sucedidos. Ele literalmente coloca toda a sua fé que você vai trazer uma solução para a vida dele.

Para você ter uma ideia, a Microsoft anunciou há um tempo que está montando uma equipe de 1.600 pessoas para a função nos EUA. E tem mais: segundo o LinkedIn, a quarta profissão que mais cresce é a de *Customer Success*. Ou seja: isso não é modinha de verão, e nos Estados Unidos já se tornou um requisito básico para qualquer empresa que gera receita recorrente.

Muitos se empolgam com a ideia de montar um modelo de assinaturas, com receita recorrente, que cresça de forma exponencial e aumente o valor da companhia com base na receita futura, porém a maioria esquece daquele furinho que pode aparecer no barco e levá-lo a afundar: o cliente que compra e não usa. Além de não ver utilidade no produto, ele não terá condições de recomendá-lo e ainda poderá ficar insatisfeito por pagar por algo que não utiliza.

Não é à toa que a Netflix, em plena pandemia, anunciou uma nova política: clientes que pagam e não usam há mais de 12 meses serão contatados para saber se desejam continuar com a assinatura. Caso contrário, serão cancelados.

Pode parecer estranho, mas, pensando no cliente, que sentido faz ter um cliente que não está usufruindo do serviço que você oferece? Parece justo?

Olhe no seu celular e veja quantos aplicativos você paga por assinatura mensal. Quantos deles você utiliza de fato? Nunca se surpreendeu com uma mensalidade de algo que nem lembrava ter adquirido?

Ao mesmo tempo, alguns deles se fazem lembrar. Eles te trazem sugestões o tempo todo, interagem com você. Você não consegue viver sem eles.

Outro dia uma amiga reclamou da mensalidade de um serviço oferecido para que ela entrasse nos shoppings sem precisar pagar naquele momento. O débito vem em conta sempre que você passa pela cancela do shopping. Só que ela não ia lá fazia meses e continuava pagando. Tentava em vão cancelar o serviço – e pior que não conseguir cancelar é o desprezo da empresa com o cliente. Ela não deveria nem chegar ao ponto de tentar cancelar. Se a empresa tivesse uma área de sucesso, ia lhe oferecer algum tipo de benefício, mesmo que não estivesse utilizando o shopping.

As seguradoras de veículos são campeãs em fazer isso. Repare: você paga o seguro e, no fim das contas, mesmo sem utilizá-lo, acaba sendo bombardeado por e-mails e sms de benefícios que pode ter para o seu carro e para a sua casa. Você pode nem usar o serviço de seguro, mas sabe que aquilo é útil para a sua vida.

Eu acredito que, para empresas de modelo de receita recorrente, as áreas de sucesso do cliente serão o novo marketing, uma forma diferente de atrair e manter clientes. E essas áreas estarão preparadas para assumir a direção das companhias, pois serão as que mais conhecerão seus clientes.

Hoje existem ferramentas que podem te ajudar a montar sua jornada do cliente, e a área de sucesso é que vai acompanhar essa jornada. Clientes com tendência ao cancelamento ficam visíveis nessa plataforma.

"Gisele, minha empresa é pequena, não somos de tecnologia. Isso se aplica a mim?"

Empresas que não têm renda recorrente podem atentar para isso. E por que não pensar num modelo de recorrência para o seu negócio? Seria possível?

Pense nos modelos de clube de assinaturas que citei, como o de vinhos. Você pode pensar em modelos semelhantes para frutas, roupas, bolos, enfim. Você vende as frutas, mas pode oferecer mensalidade de cestas que chegam em casa toda semana com tudo que você mais gosta sem se preocupar em pedir. Você vende flores e, em vez de fazer uma venda, oferece por um valor mensal um buquê toda semana para que a pessoa possa alegrar sua casa. É criar possibilidades dentro da empresa para não precisar vender todo mês para o mesmo cliente, mas, se vender, estar genuinamente preocupado com ele e agregar valor e benefícios. Não adianta só vender. Acabou essa era. Agora estamos numa época em que conquistar é vital, mas não é como aqueles casamentos em que você casa e acaba o romance. É aquele relacionamento em que se cultiva todo mês uma parceria, se conversa para ver se os dois estão indo na mesma direção, se o outro está precisando de algo...

Conheço uma lojista de roupas que vendia muito bem e decidiu fazer serviços de assinatura. Ela mandava as peças para a casa das clientes, oferecia assessoria de imagem, de estilo, arrumava o guarda-roupa. Era uma contratação de uma pessoa para a vida – e não uma simples compra de vestuário. Existem serviços que podem ser disponibilizados dentro do que você já oferece, e esse é o pulo do gato. Até mesmo um salão de beleza pode oferecer uma mensalidade. Se você tem um salão e sabe que sua cliente vem toda semana para fazer unha, cabelo, reflexo, por que não oferecer a ela uma mensalidade, e dentro daquele valor ela pode utilizar uma série de serviços? Você fideliza a cliente e, a partir de então, cuida dela. Ela tem que estar linda, bem cuidada. Se ela não aparecer naquele mês, mesmo pagando, você liga para saber se está tudo bem, oferece uma hidratação, pensa nela, entende?

Mesmo que seu negócio não possa oferecer um modelo de assinatura, pense em formas de levar essas "pílulas de sucesso do cliente" para o dia a dia do seu cliente, do seu negócio.

Se você tem uma padaria, por exemplo, por que não indicar ao cliente os patês que melhor combinam com o pão italiano que ele está levando? Ele sempre vai querer comprar pães com você!

Outro serviço que tem tido uma procura de vendas grande, mas poucas pessoas efetivamente usufruem do benefício, são os cursos online.

Você já deve ter percebido que existe uma grande demanda de cursos online por aí, não? E percebeu também que mais da metade das pessoas que os adquirem muitas vezes nem acessam a partir da segunda aula. Onde está a equipe que mensura o sucesso do cliente para entender se aquela compra fez sentido? Faz sentido tanto esforço para vender se as pessoas que compram não assistem às aulas? Qual o propósito disso?

Há pouco tempo fiz uma semana online gratuita de palestras sobre o tema "encantamento de clientes", e minha equipe notou que muitas das pessoas que se cadastraram não assistiram sequer uma aula, mesmo o curso sendo gratuito. A área de sucesso do cliente entrou em contato por telefone com cada um deles para perguntar se tinham tido alguma dificuldade no acesso e oferecer ajuda. Isso porque só 30% das pessoas cadastradas tinham acessado o conteúdo do curso. "Nossa, Gisele, mas quanto esforço... Vale a pena?"

Percebe que a pessoa pode ter esquecido? Que ela está interessada naquilo, senão não teria se cadastrado, mas que, por algum motivo que eu desconheço, não acessou? Percebe que deve partir de mim a iniciativa de entender se ela teve facilidade no acesso, se precisa de alguma instrução, porque meu interesse é que ela tenha resultado com meu curso? Se ela não tem resultado com o que ensinei, por que vou me esforçar para fazer novos cadastros? Não é mais coerente que quem se cadastrou possa usufruir do serviço? E melhor: aplicar em sua vida?

Comece a observar quantas assinaturas mensais você tem atualmente e vai notar que esse modelo está cada vez mais presente na nossa vida.

Mas também comece a observar o quanto essas empresas de fato se preocupam com o seu sucesso no consumo dessas assinaturas. Algumas você não cancelaria por nada; de outras você nem sentiria falta.

É por isso que uma equipe de sucesso do cliente se torna relevante para esse tipo de negócio – daí a importância de abordarmos esse tema. No fim das contas, o que vai dizer se sua empresa realmente está ajudando o cliente a ter sucesso é o quanto ele a recomenda e se torna leal a ela.

Aqui é importante que você saiba: existem dois tipos de lealdade – a lealdade emocional e a lealdade intelectual.

Na lealdade intelectual os clientes são leais porque precisam – sabe quando não há opção? Pois é. O serviço oferecido nem é tão bom assim, mas é o famoso "é o que tem pra hoje". Quando existe lealdade emocional, os clientes ficam envolvidos porque amam a marca – algo sobre o qual já discutimos neste livro. Mas o *Customer Success* se destina a cultivar outro tipo de lealdade: a atitudinal.

Quando o cliente está engajado, quando ele gosta, compra, sabe que tem um parceiro que olha por ele, que está interessado nele, esse cliente não vai embora e ainda renova a assinatura. Compra outro serviço que você sugerir. Esse cliente é perpétuo. Esse cliente é feliz.

E essa equação todo mundo sabe: cliente feliz dá lucro.

20

OUÇA SEU VENDEDOR

O cliente não dá ideias, ele alimenta nossa capacidade de pensar.
VERA GIANGRANDE

Qual a maior dor da sua empresa? Pode não ser a área de vendas, mas temos que admitir: uma empresa não vive sem ela. Se estivéssemos falando do corpo humano, a área de vendas desempenharia a função de coração da empresa, tamanha sua importância para que o fluxo da companhia dê certo. Da mesma forma que um coração bombeia sangue e oxigênio para os órgãos e o resto do corpo, os vendedores oxigenam uma empresa injetando dinheiro para que tudo possa funcionar adequadamente.

Só que apesar de sua importância, o vendedor é sempre jogado para escanteio. Ele é o último a ter voz dentro de muitas empresas. Mas como você pode ignorar a pessoa que mais entende do seu mercado? Aquela que está no dia a dia com os clientes, conversando com eles, tentando fazer a mágica acontecer e dando o sangue para fazer a conta fechar?

Já contei aqui que chefiei a área de vendas num período em que meu esforço com o departamento financeiro era conjunto. Ficávamos praticamente de mãos dadas, buscando uma solução adequada para pagar as contas da empresa. Eu levava ideias, criava novos projetos. Tinha sede de entender as demandas para conseguir fazer a roda girar.

A empresa pode ter um produto perfeito, uma cultura linda de se ver, um encantamento impecável, mas quer saber de uma coisa? O vendedor precisa de atenção – não porque ele é um colaborador, mas porque a área de vendas pode ser a mola propulsora de qualquer negócio.

Quando eu trabalhava na Embracon, o presidente da companhia estabeleceu uma regra segundo a qual todas as pessoas do administrativo passariam ao menos um dia com a área de vendas. Era dessa forma que ele tentava diminuir o abismo que existia entre as duas áreas, que mal se viam e que tanto precisavam se complementar. Ele colocava essa meta para todos os líderes de área, e isso nos deu outra perspectiva.

Quem que já ouviu uma reclamação acredita que a "culpa" é da área de vendas, que teria passado a informação errada. Isso faz com que se generalize por meio das reclamações o perfil de todos os vendedores. É claro que existem bons e maus profissionais, mas há vendedores que vendem extremamente bem.

Da área de atendimento fui para o marketing, que literalmente servia a área de vendas. Eu precisava calçar o sapato deles e convencê-los a comprar a minha ideia. E foi aí que aprendi uma nova lição: se o vendedor não compra a ideia, não compra o produto, e então não vende. Vendedor não vende aquilo em que não acredita. Foi aí que comecei a ter uma visão diferenciada dos vendedores, embora ainda não tivesse a dimensão do que era respirar a área de vendas.

Quando passei a liderar uma equipe de vendas, percebi que era a área mais cobrada dentro da empresa. Todos eram muito exigidos – porque sem venda, não tem projeto –, mas não eram reconhecidos por trazer o oxigênio para a equipe respirar. Do café da cozinha até o benefício dos colaboradores, quem traz o dinheiro para o caixa é o vendedor. E ninguém atenta para a importância dessa peça dentro do funcionamento da empresa.

Entenda uma coisa: ninguém conhece o mercado tão bem como o vendedor. Ele tem uma percepção até do que oferecer e do que não oferecer de novo. Ele sabe o que vai dar certo, o que vende. Bate o olho e sabe intuitivamente como gerar negócios por meio de serviço e produtos. O vendedor entende mais do cliente do que muitas áreas.

Ele pode apontar o que pode ser melhorado nos produtos, mostrar a demanda externa e trazer ideias. E eu já vi muita empresa fazer exatamente aquilo que o vendedor propunha e, depois de constatar o crescimento da empresa, desconsiderar que a ideia veio daquela área – e não do marketing ou da criação de produto.

Uma coisa que o vendedor tem e ninguém mais: ele sabe o porquê de cada não e o porquê de cada sim. A Luiza Helena Trajano, presidente do Conselho de Administração do Magazine Luiza, conta que aprendeu a valorizar a área de vendas quando estava com a mão na massa. De tanto ver como essa área era desprezada, mudou na própria empresa a hierarquia: todos os executivos passaram a ser vendedores.

Você pode estar se perguntando: mas e aqueles vendedores de má-fé que tentam empurrar de qualquer jeito o produto, para poder receber sua comissão? Esses não são a maioria, mas podem gerar um enorme prejuízo para o cliente e a marca. Esses devem ser eliminados, concorda? Estamos falando aqui do vendedor de boa-fé, que faz o seu trabalho com dignidade.

A verdade é que a área de vendas é um enigma para muitos, mas pode ser o maior aliado de toda área que se empenhar e abastecê-la daquilo que ela mais precisa: confiança.

Um vendedor engajado com a equipe interna é capaz de propor projetos customizados para os clientes – sentando lado a lado com as equipes que os desenvolvem. É capaz de trazer inovação, entender a mudança no processo de compra de cada cliente. E, com uma boa parceria entre atendimento e vendas, não existe empresa que fica parada.

Existem vários tipos de vendedores, e eu quero que você entenda que o vendedor ideal é aquele que apresenta uma nova perspectiva e uma solução. Esse vendedor tem tanta certeza da solução oferecida que não tem medo de falar de preço. O preço é a consequência dos resultados que ele trará para a empresa.

É como se ele se tornasse um consultor do negócio. O cliente passa a confiar tanto no vendedor que pede sua opinião para tudo. Já tive a oportunidade de desenvolver pessoas assim na minha equipe que chegaram a bater 300% da sua meta, sendo consultores de negócio do cliente.

"Mas, Gisele... minha empresa é pequena. Como ser esse tipo de vendedor?"

Pois é: até mesmo numa farmácia é possível ser um vendedor que faz a diferença.

Eu mesma costumo frequentar uma farmácia cuja farmacêutica é uma espécie de anjo da guarda. Sempre que vou lá, ela sabe exatamente o que indicar para cada caso, e, mesmo quando procuro algo de que tenha ouvido falar que é bom, mas caro, ela sabe indicar uma solução em vez de me empurrar um produto mais caro.

Isso possibilitou a existência de um processo de confiança entre nós duas. Eu sei que ela é uma pessoa em quem posso confiar.

Um bom vendedor sabe fazer o diagnóstico da necessidade do cliente: ele fala pouco e ouve muito.

Além disso, é primordial entender a premissa básica da venda: se o cliente não compra você, ele não compra seu produto. Essa eu aprendi quando estive em Portugal a trabalho e levei um balde de água fria de uma executiva durante uma reunião.

Eu tinha viajado até lá para apresentar um projeto, e tínhamos recebido instruções claras: eles não eram tão receptivos como os brasileiros, nem tão calorosos. Então, comecei a reunião falando da empresa. Essa mulher mal olhava para mim. Insatisfeita, ficou ouvindo até me interromper.

– Gisele, fale de você primeiro. Quem é você? Queremos saber quem é você primeiro. Depois fale da empresa.

Naquele momento, levei um choque. Não sabia como me portar diante daquela observação. Mas, com todo o jogo de cintura do mundo, recomecei a apresentação. Contei quem era aquela Gisele que estava ali naquelas terras distantes fazendo uma apresentação. Quem era o ser humano por trás da empresa que seria apresentada a seguir. No final nos conectamos, conversamos sobre outros assuntos e nos tornamos amigas, porém foi preciso esse banho de água fria para me dar conta de que era necessário um *approach* diferente.

Antes de confiar na empresa, o ponto do cliente é: devo confiar em você ou não?

Existe uma mágica em torno dos contatos humanos quando eles são feitos genuinamente entre vendedor e cliente. Certa vez eu estava em Los Angeles de férias e entrei em uma loja. Eu estava usando um tênis prateado e, assim que entrei, ouvi "*I love your shoes!*". Aquilo me deixou surpresa, e foi o que eu precisava para criar uma conexão. Entrei na loja para dar uma olhada e acabei saindo com uma sacola, porque o vendedor simplesmente iniciou a conversa e fomos nos conectando.

Quando um vendedor entende de pessoas, ele vai chegar, quebrar o gelo, dar bom-dia, porque nem sempre existe uma conexão imediata entre vendedor e cliente.

No entanto, a vida do vendedor nem sempre se resume a conversas, jantares amigáveis e trocas prazerosas.

Lembro de que, certa vez, em uma empresa na qual trabalhei, existia um ranking que ficava exposto para que todo mundo pudesse ver os resultados dos profissionais de vendas. Nele, os nomes dos vendedores ficavam listados para que todos pudessem ver a primeira e a última colocação. Nessa época eu era bem próxima do diretor da empresa, e naquele dia estava sentada ao seu lado no refeitório.

Quando me dei conta, existia uma mesa na qual estava um homem sentado sozinho, praticamente isolado do resto do grupo. Fui checar o ranking das vendas e percebi que ele estava em último. Me comovi com aquele diretor sentado sozinho. Não tive dúvidas quanto ao que fazer. Me levantei e fui me sentar ao seu lado para almoçarmos, e ficamos conversando naquele dia.

Muito tempo depois, ele relembrou a cena. Contou que se sentia excluído naquele dia e que eu o fizera se sentir melhor. Hoje ele é vice-presidente de vendas.

Percebe que um simples gesto fez a diferença? Como falei ao longo deste livro, trata-se da humanização do nosso papel profissional. Humanizá-lo é transcender as diferenças e observar cada um dentro da empresa, com suas vitórias e dificuldades.

Entender o papel dessa figura que sabe interpretar tão bem o cliente, e que fica na linha de frente o tempo todo, é vital para a empresa. Mas é preciso sobretudo não estigmatizá-la, porque também somos mestres em criar estereótipos para as pessoas: às vezes acreditamos que o vendedor é aquele cara chato que fica falando no nosso ouvido para comprarmos alguma coisa. A verdadeira venda nem é sentida. Está longe disso. A melhor venda é aquela que você não precisa "vender".

Por falar em estereótipos, vale lembrar também que é fundamental que dentro da sua empresa jamais exista qualquer discriminação do vendedor para com o cliente. Eu mesma já presenciei inúmeras cenas em que o vendedor observava o cliente e o julgava pela aparência. Se você não sabe se seus vendedores estão fazendo isso, vale a pena lançar mão da tática do cliente oculto.

Certa vez um resort me contratou para realizar um trabalho de cliente oculto, com base na metodologia do esforço do cliente. O resultado foi surpreendente de forma negativa. Depois da sabatina de apresentação do plano (que levou cerca de 3 horas), ele iniciou suas ofertas de preço. Como eu era cliente oculto, me recusei a comprar. Mas ele não desistiu, até que enfim me disse: "Nem sei por que estou perdendo meu tempo com você, porque vejo que não tem dinheiro mesmo".

Você ficou chocado? Pois é, isso acontece. Ele não sabia que se tratava de um cliente oculto e que eu daria aquele feedback para a alta liderança do Resort. É claro que ele levou uma advertência e isso serviu de lição para os demais – mas veja que absurdo. Já seria grave ele simplesmente pensar que o cliente não tivesse condições de comprar algo e, a partir de uma suposição, tratá-lo mal. Dizer isso para o cliente foi um erro dos mais sérios que um vendedor pode cometer.

O que se passava na cabeça dele quando me julgou incapaz de comprar um celular? Esse tipo de vendedor, que observa o cliente e o trata bem ou mal de acordo com sua percepção visual, tende a ser nocivo para a empresa, porque a pessoa pode até não ter condição ou vontade de comprar naquele momento, mas pode voltar ou indicar para um amigo.

Quantas vezes você entrou numa loja apenas para olhar? Quantas vezes comprou apenas porque teve um tratamento incrível do vendedor que te fez sentir muito bem?

Um vendedor que sabe encantar clientes sabe como fazer as pessoas se sentirem bem. E tratar bem o vendedor o fará a se espelhar no seu exemplo e ser generoso em palavras e gestos com o cliente.

O vendedor mesquinho está sempre reclamando, sempre insatisfeito com os pedidos de desconto e dizendo que não conseguiu fazer o que queria. O vendedor próspero está sempre contagiando ambientes e fazendo o possível para interagir com todas as áreas da empresa e com as pessoas ao seu redor.

Aqui abro um parêntese para contar a história de duas pessoas que admiro: Guido Savian Jr. e Juarez Antonio da Silva. Falei brevemente da Embracon – uma das maiores e mais admiradas administradoras de consórcios do país –, empresa da qual são fundadores.

Guido e Juarez se conheceram quando ainda eram vendedores e começaram a sonhar com seu próprio negócio. Eles se planejaram e criaram uma empresa, que começou muito pequena, mas com muita garra e força de vontade de dois vendedores sonhadores. E o que segura um vendedor assim tão motivado? A empresa foi crescendo e se tornou uma das maiores do segmento do país. Mais de 30 anos de mercado, com cerca de 2 mil colaboradores, sendo que 1,6 mil eram da área comercial, e eleita mais de 11 vezes consecutivas uma das melhores empresas para se trabalhar no Brasil. Tive a oportunidade de atuar sob a liderança desses dois visionários e aprender muito com eles. Meus últimos anos na empresa foram com o Juarez, que desde sempre comandou a estrutura comercial, a máquina de vendas. Para ele, vender nada mais é que ajudar outras pessoas, fazer o bem para elas, falar de algum assunto para alguém com convicção (porque se acredita no que está falando) e sustentar o que se falou. "Na escola, se você entende e gosta da matéria, tira boas notas e passa de ano. É assim também nas vendas."

Para ele, um vendedor vencedor sempre cumpre bem os cinco passos da venda:

- Preparação da venda: ele se informa detalhadamente sobre o cliente e os aspectos do sistema, sabendo que a venda é um ato de convencimento.
- Abordagem: o vendedor tem que derrubar as reservas do cliente com simpatia e transparência.
- Argumentação: é importante ser assertivo e não deixar nenhuma pergunta sem resposta.
- Fechamento: assinar o contrato e efetivar a venda no ato.
- Acompanhamento pós-venda: o bom vendedor não abandona o cliente depois da venda e vibra com cada conquista sua.

Às vezes, a colheita acontece anos depois do plantio. Enquanto escrevia este livro, tive um feedback de uma empresa cujo contato se iniciou há oito anos. Fui até lá na época, treinei a equipe, dei o caminho das pedras, e aquele gesto ficou marcado. Eles entraram em contato comigo e disseram:

– Gisele, pode voltar aqui, porque muita coisa mudou e precisamos da sua ajuda para reestruturar toda a área de atendimento.

O vendedor que entende essa dinâmica entre plantio e colheita bate meta, vende e consegue fazer a empresa prosperar. Por onde ele vai, a prosperidade o acompanha. Você já deve ter visto casos de vendedores que saíram de empresas e levaram legiões de clientes fiéis consigo sem qualquer esforço.

O vendedor, quando é ouvido na empresa, se sente valorizado, uma peça importante dentro da companhia para que ela possa prosperar. E isso é uma grande motivação para ele. Ouvir o vendedor vale a pena. Ouvir o vendedor ensina que um cliente feliz dá lucro.

21

ENCANTAMENTO: UM GESTO DE AMOR QUE A EMPRESA TEM COM O CLIENTE

Expectativa > entrega = insatisfação / frustração
Expectativa < entrega = satisfação / encantamento

Se eu tivesse que explicar a um matemático como funciona a arte de encantar o cliente, desenharia a fórmula acima. Quando a expectativa é menor do que a entrega, ou seja, quando ela está acima do esperado, eleva a satisfação do cliente, chegando ao nível do encantamento.

Mas o encantamento vai além da razão, dos números e das palavras. O encantamento está na falta de palavras. É provocar irresistível admiração. Demonstrar profundo carinho. É se importar a ponto de fazer o algo a mais espontaneamente. Ir além do esperado, gerando uma sensação única. É deixar o cliente de boca aberta e pensando: "UAU! por essa eu não esperava!".

"O que quer que você faça, faça bem-feito, faça tão bem-feito que, se as pessoas te virem fazendo, vão querer voltar e ver você fazer de novo, e vão querer trazer outras pessoas para mostrar quão bem você faz aquilo que faz." A frase de Walt Disney é a síntese do que vou apresentar neste capítulo.

O encantamento permeia a filosofia de vida de Jeff Bezos, da Amazon, que diz: "Vemos nossos clientes como convidados para uma festa e somos os anfitriões. É nosso trabalho todos os dias melhorar cada aspecto importante da experiência do cliente".

Trata-se também da maneira como algumas empresas conduzem seus processos, funcionários, engajando-os tanto numa cultura de encantamento do cliente que até mesmo aqueles que aparentemente encontraram a excelência acabam se inspirando em tais práticas. São o que eu chamo de empresas encantadoras.

As empresas encantadoras têm alguns aspectos em comum: possuem um nível muito elevado de entendimento do seu papel na sociedade como um todo, não só para seus clientes. Elas encantam o cliente simplesmente porque, para elas, é o certo a fazer. São empresas amadas pelos clientes tanto quanto pelos colaboradores. Alguns clientes, inclusive, se tornam colaboradores. São empresas que acreditam na cultura da boa-fé, que favorecem o ciclo do cliente feliz dentro da companhia. São empresas que perpetuam.

O ciclo virtuoso do cliente feliz promove altos níveis de encantamento: a satisfação e a lealdade do cliente aumentam, o cancelamento e a desistência diminuem, o índice de recompra aumenta, bem como o *up selling* e o *cross selling*. O custo de aquisição diminui, a reputação melhora e a coleção de momentos memoráveis explode.

Estamos chegando ao final deste livro, e, se você leu todos os capítulos até aqui, percebeu que encantar o cliente é uma construção sustentável. Não tem a ver apenas com proporcionar uma ótima experiência de compra, mas oferecer um serviço inesquecível, capaz de criar memórias positivas a tal ponto que o faça compartilhar com outras pessoas e queira que elas sintam o mesmo que ele sentiu.

Talvez esta seja a pergunta que mais me fazem: como encantar clientes?

Quero já desmistificar alguns pontos: existem dois jeitos de encantar clientes: o mais simples e o mais sustentável. Qual você escolheria?

O mais simples consiste em ações rápidas que você pode implementar no seu negócio e que vão gerar encantamento imediato: por exemplo, o mimo que você manda junto com o pedido, a cartinha escrita à mão etc. Mas como garantir que essas ações permanecerão de pé na empresa no longo prazo ou quando um cliente estiver insatisfeito?

É por isso que eu acredito que o encantamento sustentável vai mais longe. Porque você trabalha desde a cultura da empresa ao treinamento que será dado para um novo vendedor, que vai atender o cliente no Oiapoque. Quando você edifica uma casa na rocha, ela não cai, mesmo sob ação do vento forte ou da tempestade. O mesmo acontece com o encantamento.

Não sei se você sabe, mas certa vez o empresário Steve Jobs, impressionado com a maneira como a rede de hotéis Ritz encantava seus clientes, convidou todos os seus futuros gerentes das Apple Stores para uma imersão na qual puderam absorver na prática como era se sentir encantado. Para você ter uma ideia, na rede de hotéis Ritz são 250 horas que cada colaborador precisa ter de treinamento por ano.

Steve tinha a humildade de perceber que alguém fazia algo que ele não fazia e se inspirar para trazer uma novidade que pudesse estar alinhada com os conceitos de sua empresa.

Todo mundo gosta de ser tratado com carinho, de receber surpresas imprevisíveis, de detalhes que nos deixam com o coração quentinho. Mas poucas vezes paramos para causar no outro essa impressão que tanto queremos. Poucas vezes nos preocupamos em inserir nas práticas da nossa empresa algo que faça as pessoas dizerem "UAAAUUU".

Mas eu sei que se você chegou até aqui, você bem que gostaria de – pelo menos – ganhar uma receitinha de bolo para o encantamento. E não é que vou atender seu pedido?

A Disney é, sem sombra de dúvida, perita em encantar clientes. O sonho que se materializou num parque de diversões projetado por um cara visionário que queria viver dentro de um mundo de fantasia é algo que parece inatingível, mas foi um processo muito bem desenhado.

Encantar o cliente vai exigir de você não só o algo a mais. Vai exigir que você olhe para tudo que acontece na sua empresa. Porque, no fim das contas, as empresas encantadoras têm pessoas no centro e se importam com elas. Seja quem for.

Você pode estar pensando: "Ah, Gisele, eu não tenho esse dom de ficar pensando no que vai encantar meu cliente. Não levo jeito para isso". E vou te dizer que muitos empresários me procuram dizendo isso. Muita calma nessa hora. É possível gerar uma cultura do encantamento mesmo que os principais líderes não tenham isso de forma natural. Um exemplo é o que fez o Pão de Açúcar quando trouxe a Vera Giangrande para assumir o papel de ombudsman da companhia: eles tinham consciência de que o relacionamento com o cliente precisava ser melhorado, mas não sabiam como. E a Vera trouxe uma nova cultura para a companhia. Uma pessoa que veio de fora mudou a cultura da empresa para um olhar para o cliente. Sabe como isso foi possível? Ela teve um patrocinador. O presidente da empresa não só lhe deu carta branca, como a empoderou e lhe forneceu toda as ferramentas de que precisava para promover as mudanças.

O encantamento vem desde o início do processo. Na relação comercial, na customização do processo. E isso foi se perdendo ao longo do tempo com o escalonamento das empresas e a venda em massa. Foi se perdendo o contato humano com os clientes, e começaram as buscas por ferramentas que pudessem trazê-los para perto. Mas veja só: ficou claro que não eram as ferramentas que iriam resolver e possibilitar a percepção de contato humano com o cliente.

Foram décadas de relação com o consumidor, quando as empresas achavam que o cliente era submisso a elas. Veja só que mudança de paradigma, a começar pelo significado da palavra "cliente", que vem do latim *cliens*, "protegido de um patrono". Nada a ver com o que é o cliente hoje, não é mesmo?

As coisas mudaram e as pessoas começaram a perceber que era justamente o contrário: as empresas é que eram submissas aos clientes. Se elas não fizessem algo além do que o cliente estava pedindo, o algo a mais, ele simplesmente deixava de comprar, porque a concorrência estava muito maior.

E então o relacionamento com o cliente passou a ser um diferencial.

No caso da Disney, quando Walt Disney projetou o parque, já sonhou com um lugar mágico e maravilhoso. Ele levava sua filha aos parques, mas não se encantava com eles. Ele imaginou um lugar onde as crianças tivessem uma vivência mágica, um lugar que fosse encantador, bonito, com boa prestação de serviço. Ele já tinha a ideia em mente, e a Disney nasceu a partir daí. Para ser algo mágico.

Essa magia foi traduzida nos cinco pilares de excelência da Disney:

Magias do ciclo de atendimento de qualidade

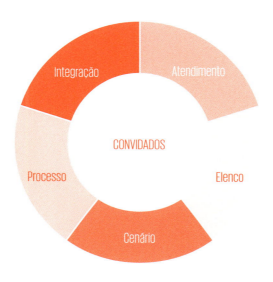

Ciclo de atendimento de qualidade da Disney. Fonte: Disney Institute (2011)

Veja que todo o processo está em torno do convidado, que é como a Disney chama os seus clientes.

"Ah, Gisele, mas esse universo é muito distante da realidade da minha empresa. Me traga algo mais palpável."

Seu desejo é uma ordem! Para começar, vamos organizar a casa. Colocar os processos em ordem, treinar as pessoas e trabalhar o que pode gerar encantamento dos clientes. Vamos mapear a jornada do cliente e entender onde vamos gerar eficiência e o que vamos fazer a mais. O encantamento é o que as pessoas não esperam.

Certa vez ajudei meu amigo Mauro a criar uma cultura de encantamento ao cliente em sua empresa de contabilidade, a MCX. E você já pensa em empresa de contabilidade daquele jeito, né? Uma coisa séria e formal. Só que ele está sempre sorrindo e feliz, descontraído, e queria que toda a sua equipe também seguisse um procedimento de encantamento.

Treinei sua equipe e a partir de então uma nova consciência começou a se formar. O Mauro, por meio de suas atitudes, também passou a reforçar a importância do cliente no centro. Implementou pesquisas de satisfação entre os clientes e detectou que o maior problema que os escritórios de contabilidade sofria era o fato de as pessoas pedirem tudo em cima da hora, não pagarem os tributos, esquecerem os prazos e depois precisarem de segundas vias. Ele então passou a fazer vídeos de orientação para os clientes.

Os clientes começaram a elogiar. E encantamento gera encantamento. O Mauro foi implementando novas ideias para deixar o cliente mais feliz. Todo cliente novo do escritório recebe um vídeo personalizado. Ele mostra o escritório todo, apresenta todos os colaboradores e explica o que cada um faz. Isso tudo customizado. Foi tão interessante que os clientes começaram a agradecer e postar nas redes sociais. Ficaram literalmente encantados.

Isso pode ser aplicado em todo negócio. É encantar. Se ele conseguiu fazer isso num ambiente teoricamente tão racional, que só lida com números, significa que há solução para que todo tipo de negócio encante seu cliente.

Quanto menos as pessoas esperam e mais você faz, maior é o encantamento. Na sua empresa de contabilidade, o Mauro decidiu que estaria à frente com os clientes e se colocou à disposição: Quero ser mais que um contador. Quero te ajudar com seu negócio. "Como posso te ajudar?", ele perguntava a todos. E as pequenas sugestões começaram a aumentar as vendas dos clientes. Esse cliente vai cancelar em algum momento? Não.

Encantar tem a ver com uma cultura proativa e não com uma cultura reativa.

Só que, para encantar, é necessário saber o que seu cliente espera (para então superar suas expectativas). Tem coisas que fazem parte do dia a dia da empresa, tem coisas que são o algo a mais. Não é porque a empresa fez algo que ela deveria ter feito que a pessoa vai multiplicar as curtidas nas redes sociais e os aplausos.

Você pode querer fazer algo a mais que não faz sentido algum para o cliente. Que não demonstra cuidado ou carinho. Um exemplo são empresas que enviam spams com voucher ou mensagem padrão de encantamento para todo cliente e sem personalização. Ao invés de encantar, desencanta.

Encantar o cliente em um atendimento passa por um tripé:

Quando unimos esses ingredientes num mesmo atendimento, com certeza o cliente ficará surpreso e encantado.

Partindo desse princípio, o encantamento não está no buquê de flores, nos mimos e presente. Está no cuidado, nos detalhes, na conexão humana, naquela atitude que abraça o cliente.

Então, defina o ponto da jornada do cliente onde você vai entregar mais que o esperado. E esse algo a mais deve fazer sentido tanto para o cliente como para a empresa – não pode ser apenas algo que seja mais cômodo para a empresa. Por isso é importante compreender muito o cliente. Steve Jobs sempre dizia: "Devemos entender tão bem nosso cliente que nem precisaríamos perguntar o que ele quer".

João Appolinário, numa entrevista em meu canal, contou que, sempre que vai às lojas da Polishop, fica do lado de fora observando o comportamento do cliente para entender como ele se relaciona com a loja física. Ele quer sempre lhe proporcionar o melhor.

Existe um *case* emblemático do Ritz. Um executivo estava hospedado em um dos hotéis da rede e saiu para uma reunião. Ele levou o computador, mas esqueceu o carregador. Você, independente do seu cargo, consegue imaginar o grau de ansiedade gerado por esse esquecimento, né? Quando o homem se deu conta disso, no meio do caminho para sua reunião, ligou para o hotel dizendo que havia esquecido o carregador. "Preciso muito dele. Tem como checar se está no quarto, por favor?"

Eles disseram que iriam verificar. Então, além de constatar que ele o tinha esquecido, mandaram comprar outro e entregaram no local da reunião com uma carta: "O senhor esqueceu o seu, e parece ser muito importante para o compromisso de hoje. E, por ser muito importante, compramos mais um para ter de reserva".

Você consegue imaginar o nível de encantamento desse executivo?

Entregar no local da reunião até seria satisfatório, mas imagine que ainda compraram e enviaram um novo. É uma cultura de encantar e deixar qualquer um boquiaberto.

O encantamento se torna um procedimento da empresa.

Também me lembro de um caso da Disney. Uma menina estava com um Pato Donald de pelúcia assistindo a um desfile e o boneco caiu do seu colo. Só que um carro passou por cima do bichinho dela. Ela se desesperou e imediatamente um funcionário da Disney chegou e gritou:

– Precisamos de uma ambulância para levá-lo ao hospital. Fique tranquila! Nossos médicos vão cuidar muito bem do seu bichinho!

Ele anotou o nome da família e, no final do dia, foi pessoalmente ao quarto de hotel da menina para levar o Pato Donald. "Olha, ele já foi medicado, está ótimo e tratado. Recuperado."

Não tem como perder a magia desse jeito. Se é um lugar mágico, não pode perder a fantasia.

Outra coisa interessante: se for fazer algo a mais, faça direito. Não faça mais ou menos, sabe?

Talvez você não tenha ouvido falar do bufê da Marli. A Marli abriu um bufê de casamento em Uberlândia e queria fazer o melhor para o seu cliente. Queria dar a melhor experiência e ser perfeita na entrega. E aí os clientes contratavam o cardápio X e ela dava o Y. Ou seja: algo a mais.

Então as pessoas diziam, "mas eu não paguei por isso". E ela respondia que era para o cliente experimentar. Ela sempre entregava a mais, e isso gerava um boca a boca. O esforço para fazer bem-feito era tanto que ela começou a ser recomendada para as grandes festas, e os grandes camarotes passaram a ser feitos por sua empresa.

Ela tinha criado uma marca encantada.

Encantar é uma forma de demonstrar que você realmente se importa. Seja em casa, no trabalho, com seu colaborador ou com seu cliente. Importar-se com o outro é querer fazer mais. Trata-se de um gesto de amor que a empresa tem para com o cliente. Nem sempre temos a oportunidade de tocar a alma das pessoas. Então, quando fizer, faça com delicadeza.

22

TRANSFORMANDO CONTEÚDO EM AÇÃO

Um grama de ação vale uma tonelada de teoria.
FRIEDRICH ENGELS

Este capítulo é um convite para que você saia da inércia e transforme todo o conteúdo deste livro em ação. É hora de decidir, de pegar cada ponto que citei até aqui e entender que é você quem vai efetuar a mudança em sua vida. Não dá mais para esperar que as coisas mudem: é hora de efetivamente buscar a mudança.

Quando li *Receita previsível: Como implantar a metodologia revolucionária de vendas outbound que pode triplicar os resultados da sua empresa*, de Aaron Ross e Marylou Tyler, tive tantos insights que poderia listar um a um e aplicar na empresa.

Mas, antes de eu contar sobre os resultados que obtive aplicando o que aprendi com esse livro, vou lembrar de dois eventos emblemáticos que aconteceram na minha vida. O primeiro deles, quando tive que montar um treinamento. Naquela ocasião, me senti superimportante e dei meu melhor, elaborando um resumo do treinamento que foi enviado para todas as filiais da empresa. Aquele simples gesto me fez perceber que eu tinha feito algo a mais, ainda jovem, que me ajudou a ser notada dentro da empresa e fez meu trabalho ser valorizado.

Com relação ao livro, aconteceu da seguinte forma: comecei a lê-lo por acaso, porque ele poderia ajudar no crescimento da receita da empresa. Conforme fui avançando na leitura, fui fazendo anotações ponto a ponto. Tudo fazia sentido.

Aquilo tinha tudo a ver com a gente e ia nos ajudar, tanto que fiz questão de que cada membro da minha equipe também lesse o *Receita previsível*. Depois convoquei uma reunião e pedi que cada um expusesse o que

235

havia aprendido por meio da leitura que poderíamos implementar na empresa. Não foi difícil para nós estabelecer uma linha de raciocínio e construir um plano de ação para efetuar mudanças. Reestruturamos a área de vendas no formato sugerido, observando que o processo deveria ser fatiado, e eu entendi que existia um grupo que faria as vendas e outro, a prospecção. Com base nisso, em três meses mudamos o funil de vendas.

Tínhamos uma carteira grande de clientes a renovar e gastávamos muito tempo dos vendedores renovando essa carteira enquanto isso não trazia receita. Era curioso também que quem vendia nem sempre prospectava bem. O livro trazia uma solução, mostrando que existiam pessoas boas para fechar e pessoas boas para prospectar. Isso fez todo sentido para nós.

Tínhamos o fechamento de pré-venda e depois os vendedores que concluíam a venda. Os que prospectavam passavam o bastão para os que vendiam. Isso foi um pouco mais difícil, porque tivemos que treinar um novo modelo de trabalho e acompanhar os *gaps* do processo. Nem sempre o tempo das coisas era respeitado, por isso fomos fazendo ajustes. Percebi que era uma arte conhecer o jeito certo de esquentar a venda e efetivá-la. A área de vendas trabalha muito com números, e eu passava metade do tempo olhando para eles e outra metade com a equipe, observando se estava tudo arquitetado.

O resultado foi que tivemos 900% de aumento em relação ao mesmo mês do ano anterior. O que quero dizer com isso? Que de cada livro, se pegarmos seu conteúdo e o aplicarmos, podemos tirar a lição principal, aplicar na nossa empresa e ter uma transformação completa.

É por isso que vou detalhar para você um roteiro de ação. Quero que você entenda qual a jornada que deve implementar dentro da sua empresa, porque o meu desejo é realmente que você leia o livro e transforme este conteúdo em ação.

Não é minha responsabilidade transformar a sua empresa. É sua. O que você pode fazer? Atitude é uma coisa que você tem ou não tem. Vem de dentro.

Você não precisa esperar que as mudanças aconteçam em sua empresa num passe de mágica. É possível propor as mudanças em vez de esperar e reclamar. Esse pode até ser um ponto de ruptura em que você vai se tornar protagonista da sua vida e da sua empresa e provocar as mudanças. Sair da reação e do papel de receber informações para começar a nutrir as pessoas com informações.

A partir de agora você é um agente multiplicador. Eu trouxe o meu melhor para que você absorva e transforme a sua empresa. E então você se torna um agente de transformação. Você beneficia a sua empresa. Não adianta esperar, olhar e reclamar.

Quem vai conduzir essa mudança é você, e eu te convido a ter esse estalo e, por meio de atitudes diárias, transformar o lugar e mudar a mentalidade da sua empresa.

Não dá para fazer só o básico. Mesmo que você seja colaborador, deve ser empreendedor dentro da empresa. Sem essa mentalidade, não há prosperidade. Quando você quer prosperar, tem que fazer o que está ao seu alcance.

Também não se trata de fazer a mais. É fazer o que está ao seu alcance, e às vezes são coisas simples. Não custa nada fazer certas coisas, mas você deixa de fazer. É como não lavar a louça porque sabe que a pessoa que limpa a sua casa virá no dia seguinte. Se está ao seu alcance e você pode fazer, não tem por que deixar para o outro.

Por que não fazer?

Hoje, o espírito de colaboração é vital para uma empresa. Colaborar cria nela uma nova dinâmica, pois leva naturalmente as pessoas a também colaborarem com você.

Vamos nos ajudar? Vamos fazer juntos? O que você pode fazer hoje? Vamos ser mais proativos? Vamos colaborar uns com os outros e fazer as coisas acontecerem?

De fora é mais fácil ver o negócio de alguém e dar sugestões – mas dentro nem sempre o é –, então abra seu radar e veja quem está ao seu redor que precisa de um insight. E compartilhe.

Não se trata de pegar um manual e seguir um passo a passo. Estou falando de mudar a conduta interna e se transformar em agente de mudança. É a última vez que vou trazer um conteúdo mastigado para que você saiba o que fazer no dia a dia. Quero que você se torne responsável pelas transformações.

237

Meu objetivo é que você seja responsável pela mudança. E quero tanto que você faça uma transformação na sua empresa que te trouxe o final no passo a passo. A vida não vai fazer isso por você. Você nunca vai contar com um GPS. Ninguém virá para trazer as mudanças. Você deve olhar e saber o que é preciso fazer onde está.

Aprendi que existem três papéis que podemos exercer nas nossas relações: de vítima, de vilão ou de protagonista.

Enquanto nos colocamos no papel de vítima, alimentamos o vilão e vice-versa.

No entanto, quando assumimos o controle da nossa vida e das nossas decisões de forma consciente, nos tornamos protagonistas, e tudo, mas tudo mesmo, passa a se tornar possível.

Que papel você vai escolher ser?

CLIENTE FELIZ

– Olhe para a sua história. Enxergue os pontos que te trouxeram até aqui. Lembre-se de cada desafio que você superou e como foi que construiu sua jornada. Você já é um vitorioso(a). Esse resgate o fará entender que é o protagonista da sua vida, perceber os padrões que trouxe de cada lugar onde trabalhou e entender o que formou o profissional que é hoje te dará clareza da sua verdadeira missão.

GUIA COM QUESTÕES PARA REFLETIR COM SUA EQUIPE E GERAR TRANSFORMAÇÕES

EMPRESAS QUE ABRAÇAM

- A sua empresa ou a empresa em que você trabalha acolhe o cliente?
- Você pratica um olhar humanizado nos processos com o cliente ou o trata como mais um?
- Você o enxerga como número ou como pessoa?
- De que forma está abraçando seu cliente?
- Você está entregando o mínimo esperado por ele?

A MEDIDA CERTA

- Como é sua relação com o cliente? Você é do tipo que pega no pé ou que contribui com ele?
- A comunicação interna da sua empresa é efetiva?
- As ações de marketing da sua empresa afastam ou aproximam os clientes?
- Você usa as técnicas de persuasão de maneira correta e adaptada para a sua empresa?
- Faça um trabalho de entendimento do seu público: o que deseja, o que curte, o que quer. Este é o primeiro passo para conseguir dar a ele o que precisa, na medida certa.

REPUTAÇÃO

- Observe qual a sua reputação no mercado e como ela foi construída.
- Escreva em poucas palavras como anda a reputação da sua empresa. O que estão dizendo sobre você?
- Escreva quais são os valores e a missão da empresa.
- Seja coerente com o que você prega.

ENGAJAR COM ATITUDE E COERÊNCIA

- A sua equipe de marketing está integrada com a sua área de atendimento?
- Você tem trabalhado lado a lado com as pessoas da sua equipe?
- Como está o seu atendimento, a satisfação dos seus clientes com seus produtos, serviços e time comercial?
- Como a marca se apresenta nas mídias sociais?

Quando um cliente comenta um post ou envia um direct, existe um fluxo rápido e bem definido de resposta? Quem recebe e por onde? Qual sistema você usa para alertá-lo de que chegou uma interação e priorizar aquilo que é mais urgente? Quanto tempo cada área da sua empresa tem para resolver um problema vindo das mídias sociais?

SÓ QUEM É CUIDADO SABE COMO CUIDAR

- De que forma você cuida de quem trabalha com você?
- Você observa as necessidades de cada colaborador?
- Como são as dependências da empresa? Satisfatórias para os colaboradores?
- Você pratica dentro de casa aquilo que quer que seus colaboradores pratiquem?
- Você pensa em soluções para a equipe, ao lado dela?

O QUE A CULTURA DA SUA EMPRESA DIZ SOBRE VOCÊ?

- A cultura da sua empresa está fortemente ligada aos valores e à visão de quem a fundou?
- A cultura da sua empresa é focada no cliente?
- Qual o propósito da empresa?
- O processo da experiência do cliente é bem definido? Você sabe montar um processo que permita o encantamento do cliente?
- Qual a missão e o propósito da sua área?
- Você pratica ações de aculturamento frequentes e sistemáticas?

ÍNDICE DE ESFORÇO DO CLIENTE

- Já que muitas vezes não podemos evitar que os problemas aconteçam em nossa empresa, ao menos deveríamos estar atentos à maneira como eles impactam nossos clientes. Como reverter a insatisfação, solucionando um problema e criando uma solução que faça ainda mais sentido e se sobreponha à reclamação?
- Qual o esforço que o cliente precisa fazer para ter acesso a você, seja para comprar ou para ser atendido?
- O processo de comprar é de alto ou baixo esforço? Para falar no chat é demorado ou o atendimento é feito rapidamente?
- Com relação ao atendimento, os canais são de fácil acesso e disponibilizam atendimento rapidamente? A URA (Unidade de Resposta Audível) é simples, sem muitas voltas, para que o cliente tenha sempre a opção de falar com um atendente?
- De que forma o esforço do cliente pode ser reduzido?
- Já fez o teste do cliente oculto na sua empresa?

O QUE O CLIENTE QUER?

- Se hoje não existe um fluxo de reclamações e atendimentos, pare tudo agora e faça esse desenho de como se resolve o problema. Pequenos negócios geralmente trazem esta característica: não existe uma padronização para lidar com as reclamações, e as coisas vão sendo levadas de qualquer jeito.
- Crie um fluxo de processos na sua empresa.
- Faça o "arroz com feijão bem-feito" e crie etapas para o microgerenciamento dos processos.
- Depois que você tem processos desenhados, equipe treinada, o passo a passo da tratativa de solução sempre deve ser simples:
  1. Ter empatia e demonstrar isso ao cliente.
  2. Garantir que o problema será resolvido.
  3. Resolver de fato.

- Escreva na tela do computador e repita para si mesmo a todo momento: Você só consegue efetuar uma nova venda se resolver as necessidades do cliente.
- Você mede o índice de resolutividade em cada atendimento?

QUE EXPERIÊNCIA QUERO GERAR PARA OS MEUS CLIENTES?

- Já parou para pensar em que experiência quer gerar para seus clientes?
- Como quer fazer seu cliente se sentir?
- Como criar uma experiência para seu cliente, como fez o Leandro, da borracharia?
- E é só por meio do mapeamento dos pontos da jornada do seu cliente que você identifica o que mais gera atrito. Já deu para perceber que isso exige processos bem definidos e muito treinamento. Você está disposto a mapear os pontos da jornada do seu cliente?
- Se você ainda não pensou sobre isso, comece pelo básico: identifique as principais dores dos seus clientes, do que alguns deles acabam se queixando ou o que os incomoda. Gere uma lista desses pontos de incômodo numa planilha e faça com a sua equipe o exercício de ir colocando na frente de cada um as possíveis soluções. E então, na terceira coluna, defina as prioridades e os prazos.
- Talvez as perguntas que possam ajudá-lo a começar a construir este caminho de trás para a frente sejam:
  1. Como você quer ser lembrado pelos seus clientes?
  2. Como deixará sua marca no mundo?
  3. Quem vai depor a favor da sua marca daqui a 20 anos?
  4. Quem vai depor a seu favor?
  5. Que história vão contar sobre sua empresa daqui a 20 anos?

- Empresas encantadoras se preocupam com a mensagem que passam, com a experiência que criam e com a mensagem que deixarão para o futuro. Você tem clareza quanto à mensagem que quer deixar?
- Qual é seu superpoder intransferível como marca?
- Gaste tempo definindo como deseja eternizar a presença da sua empresa. Como quer fazer parte da vida das pessoas, que marca você

quer deixar na vida delas. E alinhe isso com cultura, processos, escolha das pessoas certas e experiências memoráveis.

- Empresas encantadoras têm pessoas no centro. Seu foco está em pessoas ou em resultados?

A VULNERABILIDADE QUE CONECTA

- Entenda uma coisa: um pedido de desculpas não repara o problema, mas abre as portas para o entendimento. Você sabe admitir o erro?
- Sua empresa se mostra vulnerável quando pisa na bola?
- Repense sua postura dentro da empresa quando comete erros.
- Aja de forma verdadeira e transparente com seus clientes.

O PESO DA LIDERANÇA

- Como está a liderança da sua equipe? Interage com todos os setores?
- O líder deve ouvir o colaborador e fazê-lo ter o melhor desempenho possível dentro de sua área de atuação. Isso está acontecendo na sua empresa?

Existem quatro atitudes simples que líderes com foco no cliente devem observar:

1. Atender clientes: atender clientes é tão rico que, se todos se dessem conta disso, toda empresa teria a rotina de colocar seus líderes pelo menos uma vez por semana no SAC. Uma horinha do dia na semana não mataria ninguém e é capaz de gerar ganhos absurdos. Você não só aprende, como abre um catalisador de ideias e sugestões para melhorar seu produto e serviço. E o mais importante: você demonstra pelo exemplo o quanto valoriza o tempo com o cliente.

2. Reconhecer boas atitudes: o líder deve reconhecer publicamente as boas iniciativas e as atitudes que geram satisfação e encantamento do cliente. Toda vez que você reconhece em público, está passando a mensagem de que aquilo deve ser repetido. E, se começar a ser repetido, vai ser incorporado pela cultura da empresa. Acho muito legal as empresas que fazem o "Elogiômetro", que é um mural com elogios recebidos do cliente. Pode ser digital e compartilhado com toda a empresa.

3. Priorizar o cliente: o líder orientado ao cliente está sempre colocando o cliente em primeiro lugar. Em qualquer situação, seja na priorização de um projeto ou outro, seja numa reunião que é interrompida para atender o cliente, seja ao botar a mão na massa em ações que visam encantá-lo, o cliente sempre é mais importante que o processo em si. Quando, em alguma situação emergencial, é preciso priorizar algo que não seja o cliente, o líder reúne a equipe e explica a lógica da sua decisão.

4. Ser líder é uma combinação entre equilíbrio, justiça e bom senso que não se compra na esquina. É na prática, diante de situações complexas, que treinamos aquilo que aprendemos. Não tem manual, e nem sequer sabemos se acertamos. Observe se está liderando pelo exemplo e como quer ser lembrado.

PROTAGONISTAS SOCIAIS

- Sua empresa pensa no lucro ou também pensa na vida humana e na transformação de pessoas?
- O que cada uma das pessoas que se preocupam genuinamente com as demais – sem que elas sejam suas clientes ou sem receber algo em troca – pode nos ensinar? Onde estivermos, podemos ser a semente. Podemos gerar transformação, tocar os outros, fazer algo por eles. A vida é essa troca, e por sorte conseguimos fazer isso dentro de um ambiente de trabalho. Como você lida com isso?
- Você inspira seus colaboradores a fazerem o bem?

O QUE ABALA A CONFIANÇA?

- A sua empresa é confiável?
- Empresas que estão pautadas numa política de confiança geralmente estão repletas de pessoas que pensam no todo e que também confiam no cliente. E é disso que estamos falando: de um círculo virtuoso positivo. Como é esse círculo dentro da sua empresa?
- Quem gosta de confiança gosta de transparência. E esse aspecto está intimamente ligado à reputação. Não existe boa reputação se a empresa não é transparente. Sua empresa age com transparência?
- Você confia nos seus clientes para que eles possam confiar em você?

SUA EMPRESA É SUSTENTÁVEL?

- Ser sustentável é mais do que se preocupar com o impacto ao meio ambiente: é estruturar processos produtivos de forma que o desenvolvimento e a proteção aos recursos naturais sejam condutas. As condutas da sua empresa são sustentáveis? De que forma você pode melhorá-las?
- Você pensa em toda a cadeia? Em como o seu consumidor chega em casa com o produto?
- Não é só a "solução" que você cria, mas que impacto essa "solução" gera.
- O que você consegue fazer nas condições que tem hoje? De que forma está sendo responsável pela cadeia onde está inserido? Ou está tirando o corpo fora, numa atitude de "salve-se quem puder"?

VOCÊ ENTREGA O QUE PROMETE?

- Entregar o que foi combinado é a premissa básica de um trabalho bem-feito. Você entrega o que promete?
- E agora vamos falar sobre expectativas não correspondidas. Se o produto chega diferente da foto do site, quem vai ficar satisfeito? Já parou pra pensar nisso?
- Você prefere ter lucro ou provar que está certo? Ninguém perde por conquistar a reputação. Jurídico e atendimento devem pensar juntos em como atender o cliente, porque quem ganha é a empresa. Quanto mais clara a comunicação interna, melhor a comunicação com o cliente. Repita esse mantra com sua equipe.
- É pouco provável que uma empresa que se comunica bem internamente cometa o deslize de não comunicar com coerência aquilo que oferece, muito menos prometer algo que não será entregue. Como anda a comunicação da sua empresa?
- Não terceirize a responsabilidade da sua empresa quando o cliente apontar uma falha no seu processo ou quando ele se sentir lesado. Absorva as críticas e aproveite para entender o que pode melhorar.
- Sua entrega tem ficado aquém ou além do que o cliente espera?

O PRIMEIRO CLIENTE DA SUA EMPRESA É VOCÊ

- Pergunte sempre a si mesmo: será que eu preciso de uma pausa para observar se estou bem? Será que, mesmo aplicando tudo que está aqui no livro, consigo satisfazer meu cliente se eu não estiver bem?
- Uma pergunta que eu quero que você faça a si mesmo agora: Se o seu coração não estiver batendo forte por aquilo que você faz neste momento, seja qual for o motivo, repense. Será que é você que está no lugar errado?
- Você está consumindo que tipo de informação? Como está nutrindo a sua mente?
- Entenda que o resultado de uma empresa próspera é sempre fruto de um trabalho bem-feito, mas que começa dentro de você.

COMO ANDA A COMUNICAÇÃO DA SUA EMPRESA?

- Você está conseguindo comunicar tudo o que precisa para seu cliente?
- O que o cliente não te diz e você precisa perceber?

Observe se estes pontos estão sendo atendidos:

1. Se a resposta foi esclarecedora para o cliente: por exemplo, se a resposta for "informamos que o assunto está esclarecido", parece que aquilo deixa um ponto de interrogação na situação. O que está esclarecido? O que não está sendo dito? O que você está escondendo?
2. Você tirou todas as dúvidas? Não adianta não responder às perguntas do seu cliente. Não foque apenas a dúvida principal; esclareça tudo, senão ele fica com aquilo engasgado. Um exemplo claro de reclamação é quando existe um atraso na entrega e um mau atendimento.
3. Surpreendeu o cliente? Em todas as respostas você tem que surpreender o cliente. É fazer algo a mais, é atender rápido. É fazer algo que ele não espera.
4. Chamar o cliente pelo nome: "Senhora" é pronome de tratamento. É preciso personalizar. Se é uma empresa mais jovem, com a comunicação mais descolada, não faz sentido usar o "senhora". O ser humano é importante e no final você pode encerrar com uma frase humana e gentil para finalizar com chave de ouro.

5. Ouvir o cliente: tem vezes que você vai falar, outras que vai ouvir. Numa reclamação, será o segundo caso. Quando a pessoa tiver dito tudo que queria, ela vai parar. E, quando isso acontecer, você fala.

VOCÊ PENSA NO SUCESSO DO SEU CLIENTE?

- Você pensa no onboarding do seu cliente? Os cuidados começam desde a sua chegada, quando é feito o onboarding, garantindo que ele tenha a melhor "chegada" à empresa e assegurando que os seus primeiros passos pós-compra sejam dados da melhor forma possível. Sabe aquele ditado, "Se começa errado, termina errado"? Pois é, o onboarding tenta mitigar isso, para que comece certo e possa ter uma boa continuidade.

- Trabalhar com receita previsível para um período maior de tempo (que não seja de mês a mês) tem gerado novos patamares para as empresas que conseguem adotar o modelo de receita recorrente em seu negócio. De que forma você pode fazer isso em sua empresa?

- A premissa básica é entender algumas leis do *Customer Success*: a primeira delas é vender ao cliente certo. Talvez você não saiba, mas quase toda evasão acontece porque aconteceu uma "venda forçada". Sabe quando o perfil do seu cliente nem é aquele, mas você empurra o produto mesmo assim? Pois é: a longo prazo isso não se sustenta, e o custo para manter esses clientes torna-se muito alto.

- A segunda coisa que você deve saber é que existe uma tendência natural dos clientes e fornecedores a se afastarem aos poucos. E por que isso acontece? Porque a percepção de valor pelo usuário final diminui com o tempo. É por isso que a batalha de retenção de clientes e o aumento de valor dos que já existem é interminável.

- Hoje existem ferramentas que podem ajudar a montar sua jornada do cliente, e a área de sucesso é quem vai acompanhar essa jornada. Clientes com tendência ao cancelamento estão visíveis nessa plataforma. Que tal implementá-la na sua empresa?

- Comece a observar quantas assinaturas mensais você tem atualmente e você vai notar que realmente esse modelo está cada vez mais presente na nossa vida.

ENCANTAMENTO: UM GESTO DE AMOR QUE A EMPRESA TEM COM O CLIENTE

- Ter clientes encantados é – se me permite o trocadilho – o sonho de consumo de toda empresa. Todo mundo quer saber como encantar o cliente, e costumo dizer que existem duas formas de fazer isso: a mais rápida e a mais perene e sustentável.

- O encantamento vem desde o início do processo, na relação comercial, na customização do processo. Faça o passo a passo do cliente para entender como anda sua jornada.

- Coloque os processos em ordem, treine as pessoas e trabalhe o que gerar em encantamento dos clientes. Vamos mapear a jornada do cliente e entender onde podemos gerar eficiência e o que vamos fazer a mais. O encantamento é o que as pessoas não esperam. O que as pessoas esperam não é encantamento.

- Quando vamos traçar uma estratégia de encantamento, precisamos observar o que as pessoas não estão esperando e entender o que faz sentido para seu negócio.

- Defina o ponto da jornada do cliente onde você vai entregar mais que o esperado. E esse algo a mais deve fazer sentido tanto para o cliente como para a empresa – não pode ser apenas algo que seja mais cômodo para a empresa.

O VENDEDOR NÃO ESTÁ SÓ

- Você está sendo humano com o vendedor de sua empresa? O vendedor precisa de atenção – não porque ele é um colaborador, mas porque a área de vendas pode ser a mola propulsora em qualquer negócio.

- Entenda uma coisa: ninguém conhece o mercado tão bem como o vendedor. Ele sabe praticamente tudo e tem uma percepção até do que oferecer e do que não oferecer de novo. Ele sabe o que vai dar certo, o que vende. Bate o olho e sabe intuitivamente como gerar negócios por meio do serviço ou produto. O vendedor entende mais do cliente do que o próprio atendimento. Faça uma reunião com sua área de vendas e aprenda mais sobre seu negócio.

- Você cria estereótipos do seu cliente? Preocupe-se em formar seu vendedor para jamais fazer isso.

- Faça um cliente oculto. Peça a um amigo para fazer uma compra em sua loja e entenda como foi a experiência com o vendedor.

Escrever um livro sobre gerar felicidade para um cliente é, basicamente, um tratado sobre como lidar com pessoas e humanizar relações de trabalho. Numa época em que vivemos e presenciamos cenas tão hostis, atos de gentileza são pequenas revoluções que reforçam a nossa fé nos seres humanos.

Com este livro eu não pretendo apenas que você tenha lucro. Quero vê-lo mais humano, mais realizado e conectado com as pessoas que consomem o que você faz. Com os seus fornecedores, com todo o organismo vivo que pulsa quando estamos dedicados a fazer uma empresa prosperar.

Eu sei que é utopia acreditar que posso mudar o mundo, mas, se todos pudermos modificar nossas pequenas interações, elas reverberarão de uma maneira. A felicidade está nas pequenas coisas. E todas elas são factíveis.

O termômetro é sempre um coração cheio de boas intenções. Sem isso, nada funciona.

AGRADECIMENTOS

*Lança teu pão sobre as águas, que depois de muito tempo
o acharás.*
ECLESIASTES 11:1

Você já sentiu seu coração transbordar de gratidão? É assim que me sinto agora, escrevendo estes agradecimentos.

Faltariam páginas para listar todas pessoas do bem que tanto fizeram por mim.

Escrever um livro é um processo de renascimento, de reencontro, de compreensão. É, antes de qualquer, coisa um encontro consigo mesmo.

E esta obra jamais teria se tornado realidade sem a contribuição de algumas pessoas especiais que, muitas vezes sem saber, tiveram uma participação especial.

Me lembro de quando comecei a "matutar" sobre a ideia de escrever um livro, e fui almoçar com um querido amigo, o Alison Paese, fundador do canal Fora de Série. Eu não fazia ideia de por onde começar e o Alison me deu os primeiros sinais de luz e me apresentou a editores. Fui estudar e entender como um livro de negócios era feito e escrevi o roteiro da obra. No entanto, ainda faltava um patrocinador para a minha ideia.

Você acredita que, quando se move por um propósito, as pessoas se movem por você?

Em um lindo dia, uma querida amiga, Elaine Julião, fundadora da revista *Empreenda*, me ligou e disse: "Gisele, você gostaria de ir ao lançamento de um livro da Editora Buzz? Acho que você vai gostar e podemos aproveitar para bater um papo". Meu coração bateu mais forte. Eu disse: "Claro, será um prazer, estarei lá".

Elaine é uma das mulheres mais generosas e determinadas que já conheci e naquele dia ela me apresentou ao Anderson Cavalcante, fundador e publisher da Buzz.

Ele imediatamente me disse: "Meu Deus, eu quero publicar seu livro! Muitas empresas e vidas podem ser mudadas com a sua história".

E a partir dali começamos uma longa jornada. Era março de 2020, início de uma pandemia que não sabíamos quanto tempo duraria.

Fui apresentada à Cinthia Dalpino, a melhor ghost writer do mundo, e foi amor à primeira vista. Então, quando o mundo estava entrando em quarentena, Cinthia e eu mergulhávamos na minha história, em tudo o que vivi e desenvolvi ao longos das últimas décadas para extrair o melhor para você, leitor.

Agradeço imensamente ao Anderson Cavalcante e a todo o time maravilhoso da Buzz, especialmente à Tamires, ao Allan e à Silvia. Agradeço à Elaine, por conectar os pontos que faltavam, ao Alisson, por abrir meus horizontes naquele almoço, à Cinthia Dalpino, por me ajudar a traduzir em palavras a mensagem do *Cliente feliz*.

Pela participação especial neste livro, agradeço à Luiza Helena Trajano e equipe, ao Luiz Norberto Paschoal e equipe, à querida Marli Santos, ao meu ex-chefe Juarez Silva, que sempre me dizia "Gisele, você vai ajudar muita gente", à Rosa Capovilla, à Cristina Coimbra, ao Helio Basso, ao Haroldo Nunes, ao Bruno Pinheiro, ao Marco Cesar Barbosa, ao Bruno Gobbato, ao Leandro Freitas, ao Roni de Itabirito, ao Acacio Queiroz e à queridíssima — diretamente dos EUA — Luciane Carrillo.

Sou muito grata também a todos que foram inspiração para as histórias narradas nesta obra e que, direta ou indiretamente, contribuíram para que este conteúdo se tornasse ainda mais rico ao nosso leitor.

Meu muito obrigada a todos do time do Instituto Cliente Feliz, especialmente à Marjorie Bacchiega, a primeira integrante da equipe e que abraçou de corpo e alma nossa causa.

Diz o ditado que você terá cumprido sua missão quando plantar uma árvore, tiver um filho e escrever um livro. Mas não, a missão não está cumprida ainda, ela só está começando e eu convido você, caro leitor, a fazer parte deste movimento.

Reimpressão, outubro 2022

FONTES More Pro, Giorgio Sans
PAPEL Alta Alvura, 90 g/m^2
IMPRESSÃO Geográfica